Statue de la Liberté et Ellis Island

On ne présente plus la statue de la Liberté, emblème de New York par excellence ! Prenez le ferry depuis Battery Park pour lui rendre hommage et visiter le musée bâti à la pointe de l'île. Puis rejoignez Ellis Island, l'« île des larmes », qui fut le passage obligé de 12 millions d'immigrants de 1892 à 1954. **Voir p. 20 et 23.**

Museum of Modern Art (MoMA)

Référence notoire pour les fans d'art moderne et d'art contemporain, le MoMA vient de faire peau neuve en renouvelant toute la présentation de ses collections. **Voir p. 125.**

High Line

Cette ancienne voie ferrée aérienne est devenue, depuis le début de sa réhabilitation en 2009, une des balades préférées des New-Yorkais. **Voir p. 94.**

Empire State Building

Non, vous ne croiserez pas King Kong, en revanche il y a fort à parier que vous aurez le souffle coupé devant la vue qui s'offre à vous depuis le 102e étage. **Voir p. 110.**

World Trade Center et 9/11 Memorial

De hauts gratte-ciel de verre, une gare à l'allure d'un oiseau, un centre culturel tout neuf… Vingt ans après la tragédie, le nouveau World Trade Center est en voie d'achèvement. Du 11 septembre 2001 subsistent un mémorial et un musée bouleversants. **Voir p. 34 et 35.**

Central Park

Pour s'extasier devant les écureuils, pour une pause pique-nique, pour une balade, pour un tour en bateau, pour une séance de bronzette, pour écouter un concert, pour faire un footing... Il y a mille et une raisons d'aller et de revenir à Central Park. **Voir p. 141.**

Times Square

Le carrefour mythique de New York. Allez-y de préférence de nuit, postez-vous en haut des escaliers rouges du kiosque TKTS, et profitez du spectacle qu'offrent les panneaux lumineux. **Voir p. 120.**

Metropolitan Museum of Art (MET)

Un musée qui possède plus de deux millions d'objets, voilà de quoi donner le tournis. Un des musts : le département des antiquités égyptiennes, avec son splendide temple de Dendour. **Voir p. 151.**

Whitney Museum of American Art

Réinstallé depuis 2015 dans un magnifique bâtiment signé Renzo Piano, ce musée est certainement l'un des plus enthousiasmants de la ville. Vous y trouverez une large collection d'art américain des XXe et XXIe s. **Voir p. 92.**

EW YORK

Dans les premières images de son film *Manhattan*, Woody Allen essaie en vain de donner une définition de New York ; son impuissance cède finalement la place à la *Rhapsody in Blue* de Gershwin… Celle que Le Corbusier appelait la « catastrophe féerique », et que Paul Auster qualifie de « labyrinthe de pas infinis », est une capitale protéiforme dans laquelle on prend un plaisir inégalé à se perdre. Carrefour planétaire, New York est un véritable patchwork, et il faut en croquer plusieurs morceaux pour découvrir toutes les saveurs de cette Grosse Pomme découpée en quartiers : West Village et sa bohème, SoHo et ses *cast-iron buildings*, Downtown et ses banquiers, Williamsburg et ses adresses branchées, Park Slope et son charme bourgeois… L'ancienne porte du Nouveau Monde, gardée par la sentinelle de la Liberté, mérite incontestablement d'être franchie.

n Bridge

LES INCONTOUR-NABLES

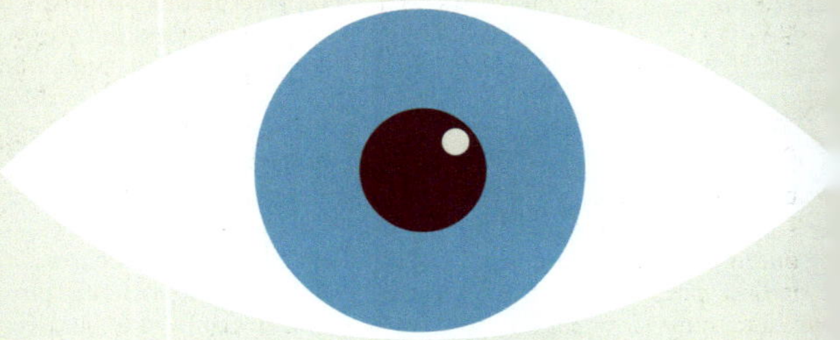

Solomon R. Guggenheim Museum

Signé Frank Lloyd Wright, l'édifice de 1959 tout en spirales est une merveille qui abrite, au gré des expositions, des pépites de l'art moderne. **Voir p. 153.**

Brooklyn Bridge

Le Brooklyn Bridge, il faut le traverser à pied deux fois ! D'abord le matin, pour voir le soleil embraser Manhattan, ensuite à la nuit tombée, pour admirer les lumières de la *skyline*. **Voir p. 166.**

DUMBO et Brooklyn Heights

Au pied du Brooklyn Bridge, les entrepôts du quartier postindustriel de DUMBO ont été reconvertis en restos tendance, tandis que Brooklyn Heights aligne les allées arborées et les rangées de *brownstones*, ces maisons en grès rouge typiques. L'endroit idéal pour une balade au bord de l'East River. **Voir p. 166 et 168.**

Williamsburg

C'est LE quartier branché de New York côté Brooklyn. Les hipsters ont envahi ses entrepôts transformés en lofts. Au programme, brunch, vélo et sorties festives dans des bars bohèmes en soirée. **Voir p. 178.**

EXPÉRIENCES UNIQUES

Assister à un match de base-ball...

... au Yankee Stadium : le stade des New York Yankees, l'équipe la plus capée de l'histoire du sport aux États-Unis.

mlb.com/yankees* • *Comptez $20-$300 pour un ticket.

Vivre l'ambiance d'un campus américain...

... à Columbia University. Pelouses squattées par les étudiants et stands de geeks vous propulsent dans un *teen movie*. **Voir p. 162.**

Gravir 102 étages en 47 secondes...

... et voir défiler l'histoire de New York sur les murs de l'ascenseur du One World Observatory au One World Trade Center, la plateforme d'observation du plus haut gratte-ciel d'Amérique. Vertigineux ! **Voir p. 34.**

Faire un footing ou du yoga à Central Park

Rejoignez les allées sinueuses de **Central Park** pour un footing revigorant ou suivez un cours de **Yoga Vinyasa** en extérieur.

centralpark.com • $20 les 75 min.

Voir un show à Broadway

Pièces de théâtre ou comédies musicales, à Broadway ou Off-Broadway… il va falloir choisir ! Notre show préféré ? *Hamilton*, l'histoire de la Révolution américaine version hip-hop, Tony Award du meilleur *musical* en 2016. **Voir p. 121 et 131.**

Prendre le large

Embarquez pour **Governors Island**, le lieu idéal pour un pique-nique au bord de l'eau. Face au port de New York, l'île offre un parc naturel et de quoi se restaurer (*beergarden*, barbecue…), dans un environnement parfait pour le farniente. **Voir p. 25 et 201.**

Vibrer lors d'un gospel à Harlem…

… à la Canaan Baptist Church ou à l'Abyssinian Baptist Church. Les chants rythmés, la ferveur religieuse des fidèles, les sermons engagés des pasteurs : émotions garanties ! **Voir p. 160 et 161.**

Explorer la Mecque du graffiti

Les meilleurs street artists ont recouvert les murs de Bushwick, quartier émergent de Brooklyn où les entrepôts désaffectés ont cédé la place aux lofts, cafés et ateliers d'artistes. Pour admirer les fresques, descendez à l'arrêt de métro Jefferson Street.

thebushwickcollective.com

Traverser l'East River en téléphérique

Une balade originale pour le prix d'un ticket de métro ! À 76 m au-dessus de l'East River, ce téléphérique relie Manhattan à la petite île résidentielle de Roosevelt et offre des vues époustouflantes sur la ville. **Voir p. 201.**

Écouter un concert de jazz à Village Vanguard...

... le club de jazz le plus mythique de la planète où sont passés tous les plus grands. Prenez place dans la salle rouge et vert aux murs couverts de photos de légendes et laissez la magie opérer... **Voir p. 86.**

Enfiler ses patins à glace

Une activité incontournable de l'hiver new-yorkais : patiner sur la mythique **patinoire du Rockefeller Center** ou, pour avoir les gratte-ciel en toile de fond, sur la **Wollman Rink dans le sud de Central Park**. **Voir p. 123 et 141.**

NOS ADRESSES COUPS DE CŒUR

Restaurants authentiques ou branchés, bars à cocktails discrets ou qui dominent la ville, boutiques rétros ou gourmandes, clubs déjantés... Notre auteure Vanessa a tout testé ! Voici ses adresses préférées à New York.

Veselka

Veselka

Pour ses copieux plats à la sauce ukrainienne, à déguster nuit et jour !

Voir p. 71, quartier 6, East Village et NoHo.

Economy Candy

Via Carota

Une adresse emplie de charme, où je me suis régalée d'authentiques plats italiens.

Voir p. 85, quartier 7, Greenwich Village et West Village.

Economy Candy

Passage obligé dans cette boutique où je fais le plein de mes bonbons préférés.

Voir p. 67, quartier5, Lower East Side.

Beacon's Closet

Mr. Purple

Ce rooftop offre une vue sublime sur le Financial District et Midtown, avec l'Empire State Building et le World Trade Center en vedette.

Voir p. 65, quartier5, Lower East Side.

Maison Premiere

Ambiance vintage pour boire des cocktails à l'absinthe et profiter du bar à huîtres.

Voir p. 186, quartier 18, Williamsburg et Greenpoint.

Maison Premiere

Beacon's Closet

Le bon plan pour dénicher des pièces vintage sans se ruiner ? Direction Williamsburg !

Voir p. 188, quartier 18, Williamsburg et Greenpoint.

House of Yes

Je passe des soirées déjantées dans cet ancien entrepôt, haut lieu de la nuit new-yorkaise.

Voir p. 187, quartier 18, Williamsburg et Greenpoint.

UN GRAND WEEK-END SUR MESURE

Nous avons découpé la ville en 19 quartiers. Évidemment, en 4 jours, vous ne pourrez pas faire toutes ces balades. Alors suivez notre programme pour voir l'essentiel et prendre le pouls de la Grosse Pomme.

J1

matin

Commencez par le quartier 1, qui concentre quelques-uns des incontournables de la ville : prenez le ferry pour la statue de la Liberté et visitez son musée, avant de rejoindre Ellis Island.

après-midi

De retour sur la terre ferme, finissez la journée en flânant dans les rues de Chinatown, Little Italy et NoLIta (quartier 4).

J2

matin

Découvrez le nouveau World Trade Center (quartier 2) et son fabuleux Oculus, puis visitez le musée et le mémorial du 9/11.
Pour déjeuner, rejoignez le quartier mythique du Village (quartier 7).

après-midi

Passez saluer Warhol au Whitney Museum, puis empruntez la High Line jusqu'au quartier d'Hudson Yards, récemment sorti de terre (quartier 8).

High Line

Times Square

Le soir, lorsque le soleil se couche, grimpez au 102e étage de l'Empire State Building (quartier 10) pour admirer New York d'en haut.

J3

matin

Après une grosse matinée culturelle au MET (quartier 14), une pause déjeuner et détente dans Central Park sera tout indiquée (quartier 13).

après-midi

Direction Brooklyn. Arrêtez-vous à la station de métro Brooklyn Bridge-City Hall et traversez le pont à pied, vous ne le regretterez pas : le panorama est unique.

Depuis DUMBO, dirigez-vous vers Brooklyn Heights (quartier 16) pour vous balader le long de l'East River et profiter de la vue.
Pour terminer, changement de décor à Williamsburg (quartier 18), enclave hipster où vous pourrez boire un verre ou dîner.

J4

matin

Rendez-vous au MoMA (quartier 11), qui détient une collection de près de 200 000 œuvres d'art moderne et contemporain.

après-midi

Offrez-vous une balade le long de 5th Avenue : Tiffany & Co., la cathédrale St Patrick, le Rockefeller Center et la New York Public Library sont quelques-unes des merveilles qui la jalonnent (quartier 11).
Terminez la journée à Times Square (quartier 11), avant d'aller assister à un show sur Broadway.

Nos conseils de visite

N'oubliez pas de réserver votre ticket à l'avance pour la statue de la Liberté, quel que soit le type de visite que vous souhaitez faire (voir p. 21), ainsi que pour le Lincoln Center.

SI VOUS PROLONGEZ VOTRE SÉJOUR

Vous connaissez déjà les incontournables de New York ? Explorez des quartiers moins fréquentés des touristes tels que Upper West Side, Harlem, Coney Island, Park Slope ou Queens.

Coney Island

Upper West Side (quartier 13)

Bordé par deux parcs (le Riverside Park à l'ouest et **Central Park** à l'est), Upper West Side est un quartier résidentiel et familial où il fait bon vivre. Admirez les fastueux buildings Beaux-Arts et Arts déco qui bordent Central Park. C'est aussi un quartier très culturel avec de superbes musées, comme l'**American Museum of Natural History**, des théâtres (**Beacon Theater** par exemple), et des salles de concert et d'opéra au fameux **Lincoln Center**.

Harlem (quartier 15)

Street art, gospel, *soul food*, jazz, théâtre : on aime l'âme et le vibrant tempo de ce quartier en plein renouveau où restaurants branchés et petits cafés se multiplient. Baladez-vous dans les rues et admirez les ***brownstones*** et leurs façades en grès rouge, visitez la **cathédrale St John** et assistez à une messe gospel à l'**Abyssinian Baptist Church**. Les amateurs de jazz se rendront à l'**Apollo Theater**, club mythique qui a révélé les plus grands : Ella Fitzgerald, Billie Holiday,

Aretha Franklin, les Jackson Five et, bien sûr, James Brown.

Park Slope et Coney Island (quartier 17)

Le sud de Brooklyn n'a rien à envier à Williamsburg : on flâne dans les rues de **Park Slope**, parmi les villas cossues du début du XXe s., on plonge dans le meilleur de l'art américain au **Brooklyn Museum** avant de rejoindre **Industry City**. Envie de large ? Filez à **Coney Island** passer l'après-midi sur la populaire **Brighton Beach**, entre parc d'attractions à l'ancienne (Luna Park) et baraques à hot-dogs.

Queens (quartier 19)

Le plus grand *borough* de la ville est un quartier en mutation où il fait bon flâner le week-end. On aime particulièrement le **MoMA PS1**, sans doute le musée d'art contemporain le plus avant-gardiste qui soit.

Park Slope

Avec des enfants

Grimper sous les jupes de **Miss Liberty**, jusqu'à sa couronne, pourrait bien laisser aux enfants et ados un souvenir impérissable ! Pour les amateurs de grand air, la traversée de la baie sur le ferry de **Staten Island** et le barbecue improvisé sur **Governors Island** sont des musts. Dans le sud de Manhattan, on choisit entre la balade à vélo, les vieux gréements du **South Street Seaport Museum** et le **National Museum of the American Indian** où découvrir l'héritage des Amérindiens. Autour de Central Park, les zoologistes en herbe plongent dans les trésors de l'**American Museum of Natural History** avant d'aller voir lions et hippopotames au zoo. Les bâtisseurs, eux, s'en vont visiter le **Museum of the City of New York** et sa formidable expo interactive Future City Lab pour inventer en images la ville de demain.
Du côté de Brooklyn, on a l'embarras du choix entre plage et parc d'attractions de **Brighton Beach** et **Coney Island**, plage de sable aménagée et aire de jeux de **Marsha P. Johnson State Park** et de **Domino Park**, ou jardin botanique et zoo de **Prospect Park**.

VISITES PAR QUARTIER

Upper West Side

À SAVOIR

Visiter New York

◗ Nous avons découpé la ville en **19 quartiers que vous pouvez tous visiter à pied,** à l'exception de Harlem (quartier 15), Brooklyn (quartiers 16 à 18) et Queens (quartier 19), qui sont plus étendus et pour lesquels il est nécessaire de prendre le métro afin de relier certains points d'intérêt entre eux.

◗ New York se compose de **cinq *boroughs*** : Manhattan, le Bronx, Queens, Brooklyn et Staten Island. Manhattan est divisé en trois grandes parties : **Downtown** (de la pointe sud à 14th St.), **Midtown** (de 14th St. à 59th St.) et **Uptown** (la partie nord à partir de 60th St.). Vous

Brooklyn Bridge

retrouverez souvent ces indications dans le métro, elles vous serviront à prendre la bonne direction : Uptown vers le nord, Downtown vers le sud. Plus de détails p. 199.

Lire les cartes

◗ Chaque visite est accompagnée d'un plan détaillé sur lequel nous avons placé tous les **points d'intérêt** du quartier.

◗ Les **pastilles de couleur** indiquent nos bonnes adresses de restos, de bars et de boutiques. Le numéro de la pastille colorée correspond à celui attribué à chacune des adresses.

Se déplacer

À pied, vous apprécierez arpenter les différents quartiers, notamment Manhattan d'est en ouest.

À vélo : la ville est équipée de pistes cyclables, et vous pourrez louer un vélo Citi Bike (p. 201) en libre-service.

M **En métro :** c'est le plus pratique pour relier un quartier à l'autre. Voir p. 199.

En taxi : ils font partie de l'identité de New York ! Les taxis jaunes (p. 200) se hèlent dans la rue si leur numéro sur le toit est allumé.

En bateau, vous rejoindrez la statue de la Liberté, Ellis et Staten Island… et profiterez en prime d'un beau panorama sur la ville ! Voir p. 200.

Réservations et conseils

- **Réservation obligatoire** pour la statue de la Liberté et United Nations Headquarters ; **réservation très recommandée** pour le musée du 9/11 Memorial (nombre limité de billets délivrés le jour même), le Lower East Side Tenement Museum, l'Empire State Building, Ellis Island et le One WTC. Voir également l'encadré « Infos Covid-19 » ci-dessous.
- Nous avons listé p. 207 les sites totalement gratuits. Pensez également aux **jours de gratuité** hebdomadaire de certains musées ! Par ailleurs, de nombreux événements sont en accès libre, tenez-vous informés en ligne et grâce aux magazines gratuits (p. 204).

Infos Covid-19

- Pour fréquenter restaurants, musées et lieux de loisirs à New York, il faut avoir reçu, preuve à l'appui, un schéma vaccinal complet de l'un des vaccins approuvés par l'OMS. Seul le vaccin donne accès à ces lieux, les tests PCR négatifs ou sérologies positives ne sont pas pris en compte, contrairement au pass sanitaire français.
- Toutes les informations de ce guide ont été scrupuleusement actualisées. Néanmoins, compte tenu du contexte sanitaire, de nombreux sites sont amenés à restreindre leurs horaires d'ouverture, parfois à fermer l'accès à certaines salles ou à suspendre provisoirement démonstrations ou activités. Les consignes évoluent régulièrement. Nous vous recommandons de vérifier les horaires et conditions de visite de chaque lieu et adresse sur leur site Internet ou leur page Facebook. Par ailleurs, de nombreux musées demandent de réserver la visite.

BATTERY PARK
ET LA STATUE DE LA LIBERTÉ

1

Situé à l'extrémité de la pointe sud de l'île de Manhattan, entre les gratte-ciel et la rivière Hudson, Battery Park offre une vue dégagée sur la baie de New York. On s'y balade entre découvertes historiques, œuvres d'art et monuments commémoratifs, avant d'embarquer en ferry pour Liberty Island et Ellis Island à la rencontre de Miss Liberty ou de l'histoire de l'immigration aux États-Unis.

Statue de la Liberté

1 Battery Park✦

Ce coin de verdure invite à la promenade au bord de l'eau, avec de beaux points de vue sur la statue de la Liberté, Staten Island et le New Jersey. C'est ici qu'en 1626, les Hollandais construisirent le premier ouvrage défensif de leur colonie, Fort Amsterdam. En 1812, les Britanniques lui substituèrent une batterie d'artillerie, **Castle Clinton**, qui ne tira jamais un coup de canon et fut transformée en salle de spectacles, puis en centre d'accueil pour les immigrants (avant la construction d'Ellis Island) et en aquarium. Restauré dans son aspect originel dans les années 1970, il accueille aujourd'hui les guichets des ferries pour les îles et un mini centre d'interprétation.

thebattery.org

2 Statue de la Liberté✦✦✦

Impossible de ne pas aller saluer Miss Liberty, le plus célèbre monument de New York ! Essayez d'imaginer un instant l'émotion ressentie par des millions de migrants arrivant en bateau dans la baie de New York à la vue de Miss Liberty. Le chef-d'œuvre du sculpteur Bartholdi incarnait alors la promesse d'une nouvelle vie, la « porte d'or » d'un monde d'opportunités, libéré de la pauvreté, de l'intolérance religieuse et de l'oppression politique. Si vous n'avez pas de ticket pour le piédestal, pour le musée ou la couronne **(fermée jusqu'à nouvel ordre)**, vous pouvez toujours faire le tour de l'île avec un audioguide.

Miss Liberty

Conçue par Frédéric Auguste Bartholdi avec, pour la structure métallique, le concours de Gustave Eiffel, la statue néoclassique de 225 t et de 46 m de haut se compose de 300 plaques de cuivre repoussé, rivetées sur une charpente capable de résister aux vents violents de la baie. Elle doit sa couleur vert-de-gris à l'oxydation naturelle du cuivre. Achevée à Paris en 1884, elle fut démontée, puis acheminée par bateau à New York pour être réassemblée en 4 mois sur un piédestal de même hauteur. Elle fut inaugurée en grande pompe le 28 octobre 1886.

Le musée

Ouvert en mai 2019, le nouveau musée de la statue de la Liberté a pris ses quartiers dans une structure semi-enterrée tout en verre et granit à la pointe ouest de l'île. Il s'organise autour de trois galeries lumineuses proposant une muséographie ludique et interactive. **Immersive Theater** offre une plongée en images dans

Statue de la Liberté et Ellis island : mode d'emploi

Compte tenu de l'affluence touristique vers Liberty Island et Ellis Island, il est fortement conseillé de réserver votre billet sur Internet. Vous éviterez ainsi une première queue à la billetterie de Castle Clinton, avant celle de l'embarquement (contrôle de sécurité 30-90 min). Trois types de réservation sont possibles. La réservation simple (*General Admission,* $23,50) comprend le trajet en ferry, la visite avec audioguide des deux îles, la visite du musée de la statue de la Liberté et du musée de l'Immigration d'Ellis Island. Si vous souhaitez visiter **le piédestal**, réservez obligatoirement à l'avance un billet *Pedestal Reserve* ($23,80), car le nombre de places est limité. Pour un billet avec accès à la couronne (*Crown Reserve*, coût supplémentaire comprenant aussi le piédestal; **fermée jusqu'à nouvel ordre**), la réservation est elle aussi obligatoire, sur Internet ou par téléphone uniquement (souvent complet des mois à l'avance de mai à septembre). Il est impératif d'embarquer avant 13h pour être autorisé à visiter les deux îles.

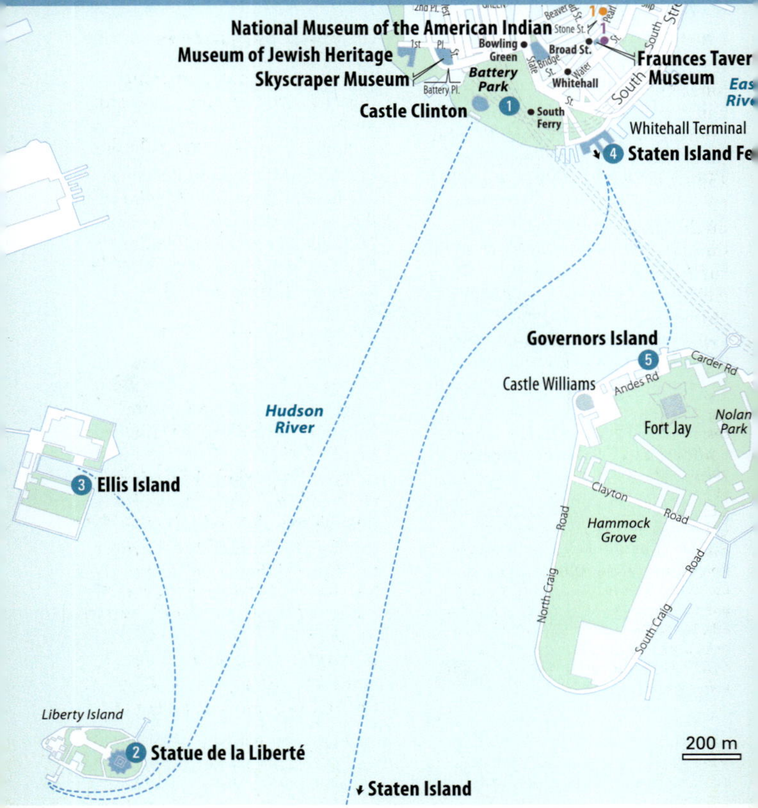

la construction et l'histoire de la statue. **Engagement Gallery** reconstitue l'atelier où Bartholdi conçut la statue à Paris et donne une bonne idée du travail concret de l'artiste. Enfin, **Inspiration Gallery,** un espace entièrement vitré donnant sur la statue, expose la torche originale, remplacée en 1986 par une réplique, et donne au visiteur l'occasion de participer à une œuvre collective en ajoutant son selfie à un mur numérique.

La couronne

À condition d'avoir réservé longtemps à l'avance et de ne pas être claustrophobe, vous pourrez vous glisser sous la robe de la dame verte et gravir les 154 marches d'un étroit escalier en colimaçon jusqu'à la couronne, où 25 fenêtres offrent des vues limitées sur la baie de New York et sur Brooklyn. L'ascension permet d'observer de près la spectaculaire charpente métallique. Les sept rayons de la couronne symbolisent les sept mers et continents.

*Ferry pour Liberty Island et Ellis Island au départ de Battery Park : ttes les 20-40 min selon saison • Tickets à Castle Clinton • ☎(212) 363 32 00 • nps.gov/stli • Résa obligatoire pour l'accès à la couronne et très recommandée pour l'accès à la plateforme d'observation du piédestal au ☎ 1877 523 98 49 ou sur statuecruises.com • T.l.j. 8h-19h (horaires variables); fermé Thanksgiving et Noël • Le billet comprend le ferry, l'accès aux îles et l'entrée des musées à Liberty Island et à Ellis Island : $23,50, $23,80 (avec accès au piédestal), prévoir supplément pour la visite de la couronne (**fermée jusqu'à nouvel ordre** ; voir aussi p. 21).*

③ Ellis Island✦✦✦

Douze millions d'immigrants ont foulé ce petit bout de terre entre 1892 et 1954. « Île de l'Espoir » pour les uns, « île des Larmes » pour les autres, Ellis Island et son centre d'immigration légendaire (près de la moitié de la population américaine y a ses racines !) étaient le passage obligé pour ces étrangers en quête d'une vie meilleure. Le musée vous raconte leur histoire.

Un peu d'histoire

L'île devint centre de tri en 1892, les lois d'immigration interdisant l'entrée des États-Unis aux polygames, prostituées, indigents, anarchistes, analphabètes et porteurs de maladies contagieuses. Compte tenu du nombre de personnes à examiner et du manque de médecins, l'examen médical durait environ 6 secondes. Pendant la Seconde Guerre mondiale, l'île devint un lieu de détention. Enfin, après 30 ans de détérioration, des descendants

Pause déjeuner sur les îles

Peu d'options s'offrent à vous pour déjeuner sur Liberty et Ellis Island. Les **Crown Cafe** (Liberty Island) et **Ellis Cafe** (Ellis Island) proposent des classiques de la cuisine américaine (burgers, poulet frit, sandwichs, pizzas, *fish'n chips* et salades : $10-$14) et de grandes terrasses où se poser. Sur Governors Island, un plus large choix de **cafés, *beergarden*** et ***food trucks*** permet de se restaurer à petits prix, sans oublier les **barbecues** en libre-service (résa nécessaire au moins 48h à l'avance sur govisland.com) pour des grillades face à la mer.

Centre d'immigration d'Ellis Island

d'immigrés offrirent 156 millions de dollars pour la restaurer.

Le musée

Photos, témoignages et cartes illustrent la diversité des origines du peuple américain et montrent les étapes et les formalités auxquelles se soumettaient les arrivants. La *Baggage Room* renferme un amas de sacs, malles et valises. Beaucoup y ont abandonné leurs objets personnels. Dans la *Registry Room*, les arrivants attendaient parfois des jours avant que des médecins ne les examinent (yeux, endurance, maladies...) et que l'on ne contrôle leurs papiers et leurs motivations. Les admis prenaient alors l'« escalier de la séparation » menant aux bateaux pour le New Jersey ou Manhattan. Seulement 2 % furent refoulés.

Les archives

L'American Immigrant Wall of Honor liste les 775 000 personnes enregistrées là, et l'Oral History Studio propose des enregistrements de témoignages. Enfin, l'Ellis Island Family Immigration History Center fournit des archives sur les millions d'immigrants qui ont foulé le sol de l'île.

L'hôpital

Le Hard Hat Tour offre l'occasion de visiter l'ancien hôpital de 750 lits : blanchisserie, quartier des malades contagieux, cuisine, logements des employés et salle d'autopsie.

Ferry au départ de Battery Park • Tickets en vente à Castle Clinton • ☎(212) 363 32 00 • nps.gov/elis • Résa au ☎1 877 523 98 49 ou sur statuecruises.com • T.l.j. 8h-19h (horaires variables); fermé Thanksgiving et Noël • Ferry pour Liberty Island et Ellis Island : $19,25; visite guidée de l'hôpital (Hard Hat Tour) : $68,50 (90 min), résa sur le site (voir aussi p. 21).

4 Staten Island Ferry✦✦

Embarquez dans l'un de ces gros ferries orange qui conduisent les habitants de Staten Island (le troisième plus grand *borough* de New York) jusque chez eux. La traversée de la baie de New York (25 min) offre un panorama exceptionnel sur la pointe sud de Manhattan et frôle la statue de la Liberté. Cette échappée ne vous coûtera pas un penny !

Whitehall Terminal, à l'angle de Whitehall et South St. • ☏ (212) 639 96 75 • siferry.com • T.l.j. 24h/24, départ ttes les 30 min (15 min aux heures de pointe) • Accès libre.

5 Governors Island✦✦✦

Face au port de New York, cet îlot de calme et de verdure est une destination de week-end très prisée par les New-Yorkais. Ancienne base militaire, l'île des Gouverneurs s'est reconvertie en 2003 en un parc naturel et culturel : pique-nique, balade à pied ou à bicyclette, aires de jeux, hamacs, concerts et spectacles gratuits, expos, festivités gastronomiques… Un lieu magique avec la *skyline*, la statue de la Liberté et Brooklyn en toile de fond. Une bonne façon de s'échapper de la frénésie de Manhattan.

Trust for Governors Island, 10 South St. • ☏ (212) 440 22 00 • govisland.com • Accès à l'île mai-oct. : lun.-ven. 10h-18h15, sam.-dim. 10h-19h, départ ttes les 30 à 60 min • Ferry $3, gratuit sam.-dim. av. midi • Accès possible aussi depuis Brooklyn.

Vue sur Manhattan depuis Governors Island

Restos Bistrots

Adrienne's Pizza Bar

Pizzeria 1 Plan B6

Sans doute l'un des endroits les plus fréquentés du quartier. Dans un espace contemporain tout en longueur (autre entrée sur Pearl St.), vous dégusterez de succulentes pizzas à la pâte fine et croustillante ! Des pizzas traditionnelles ou moins classiques, comme la *old fashioned* (pour deux ou trois personnes). Le petit plus ? Vous choisissez vos ingrédients...

54 Stone St. • M° Wall St. • (212) 248 38 38 • adriennespizza.com • Lun.-jeu. 11h30-22h, ven.-dim. 11h30-minuit • Pizzas $13-$28.

Bars, clubs Sorties

The Dead Rabbit

Bar à cocktails 1 Plan B6

Depuis son ouverture, le Dead Rabbit, du nom d'un célèbre gang des années 1850, cumule les prix de meilleur bar à cocktails de New York, des États-Unis et du monde ! Grimpez directement au Parlor, superbe saloon tiré du New York d'antan, pour siroter l'un des cocktails *old school*

The Dead Rabbit

($17) réalisés avec brio. Bières et ambiance de pub traditionnel dans la Taproom au rez-de-chaussée.

30 Water St. (Est de Broad St.) • M° Whitehall et Broad St. • (646) 422 79 06 • dead rabbitnyc.com • Taproom : mar.-jeu. 16h-2h, ven. 16h-3h, sam. 12h-3h, dim. 12h-2h • The Parlor : ven.-sam. 15h-minuit, dim. 12h-2h • Bières $8-$12.

LES MEILLEURES SPÉCIALITÉS

Pour une expérience 100 % US, on a compilé un aperçu des incontournables de la cuisine américaine, avec une suggestion de table pour chacun d'entre eux. Vous allez vous régaler !

Bagel

Le petit pain rond arrivé au XIXe s. dans les valises des Juifs d'Europe de l'Est est devenu un emblème de la gastronomie new-yorkaise. Glissez-y par exemple du saumon fumé (gravelax, lox, nova) et une bonne dose de *cream cheese* !

Chez Ess-A-Bagel, quartier 12, Grand Central Terminal et ses environs, p. 136.

Steak

Steak ou côte de bœuf de premier ordre, les restaurants de viande, les fameuses *steakhouses*, sont une autre spécialité de New York.

Chez Peter Luger Steak House, quartier 18, Williamsburg et Greenpoint, p. 182.

Pizza

La pizza new-yorkaise est une pizza à pâte fine, à bord épais et croustillant, le plus souvent vendue en grandes tranches *(slices)* que l'on plie pour les manger.

Chez Roberta's, quartier 18, Williamsburg et Greenpoint, p. 182.

Pancake

Pour un petit déjeuner à la new-yorkaise, on vous servira cette crêpe épaisse avec des fruits rouges, de la crème, du miel ou du sirop d'érable... dans des proportions souvent impressionnantes !

Chez Bubby's, quartier 3, De TriBeca à SoHo, p. 41.

Cheesecake

Un gâteau au fromage, à la crème et aux œufs sur un lit de biscuits brisés, qui peut être aromatisé au citron ou nappé de coulis de fraises.

Chez Eileen's, quartier 4, Chinatown, Little Italy et NoLIta, p. 54.

LA PORTE DU RÊVE AMÉRICAIN

À lire avant ou après votre visite d'Ellis Island (p. 23). Ces informations vous permettront de comprendre pourquoi New York fascine et attire depuis si longtemps des foules d'immigrants venus y chercher fortune.

À la découverte du site

C'est en 1524 que le Florentin Verrazzano découvre le site de Manhattan. En 1609, l'Anglais Hudson, au service des Hollandais, remonte le fleuve qui portera son nom. Le site de La Nouvelle-Amsterdam – l'extrême sud de **Manhattan** – est ensuite choisi par les Hollandais pour des raisons stratégiques. Reprise par les Anglais en 1664, la ville est **rebaptisée « New York »** en l'honneur du duc d'York, le futur Jacques II. Première capitale des États-Unis d'Amérique de 1785 à 1790, elle perd ensuite son titre au profit de Philadelphie.

L'organisation du carrefour new-yorkais

À partir du XIXe s., New York décolle grâce à sa situation exceptionnelle d'avant-port des **Grands Lacs**, et la ville s'impose vite comme la **porte de l'Amérique.** Port de débarquement des immigrants, c'est ici que convergent, dès 1850, les grandes voies ferrées qui permettent d'accéder à un arrière-pays étendu jusqu'aux Rocheuses. De 1860 à la fin du siècle, la croissance se manifeste dans tous les domaines, et la population augmente à un rythme rapide. Au XXe s., le métro, les transports urbains et les aéroports achèvent d'irriguer le **grand carrefour new-yorkais.**

Ellis Island : aux portes de la « Terre promise »

C'est sur cette île de la baie de New York que débarquèrent et transitèrent **12 millions d'immigrants** entre 1892 et 1954. Sur l'« île des Larmes », les familles étaient parfois séparées et les immigrants, marqués à la craie, recevaient une nouvelle identité avant d'être jetés dans le **Nouveau Monde.** Aux baraquements en bois succéda un bâtiment de style Art nouveau, où tous les arrivants étaient contrôlés. Rénové, il est devenu un émouvant musée (p. 24).

Ellis Island

La Mère des Exilés

Symbole de la **liberté des peuples,** et critique en filigrane des structures sociales de la vieille Europe par ses concepteurs français, la statue de la Liberté (p. 20) a aussi symbolisé l'espoir d'une vie meilleure pour les immigrants qui débarquèrent à Ellis Island. C'était la première image de l'Amérique offerte aux exilés après leur traversée. Tournée vers son continent d'origine, Miss Liberty brandit son flambeau et tient une tablette portant la date de la **Déclaration d'indépendance américaine** : 4 juillet 1776. À ses pieds gisent les chaînes brisées de l'esclavage, et le poème d'Emma Lazarus, inscrit sur le piédestal, décrit les États-Unis comme une terre d'accueil.

Lower East Side, berceau de l'immigration

Le premier quartier de l'immigration à New York fut Lower East Side. Les **Irlandais** puis les **juifs d'Europe centrale** s'y installèrent dans des taudis. Une douche froide pour ceux qui avaient cru fuir la misère... **Le Lower East Side Tenement Museum** (p. 60) témoigne de ces conditions de vie misérables, qui constituent toutefois le terreau d'une solidarité et d'une organisation communautaire encore présentes aujourd'hui.

FINANCIAL DISTRICT ET WALL STREET

2

Épicentre financier de la planète, le quartier est connu pour ses tours imposantes et sa place boursière, qui ne s'endort qu'une fois le dernier trader parti. Il est aussi le berceau historique de la ville, là où Hollandais et Anglais fondèrent leurs colonies... avant que des Américains indépendants ne les en chassent ! Une histoire que l'on feuillette encore au fil des rues étroites et des monuments d'époque, écrasés par les silhouettes vertigineuses des nouvelles icônes de Manhattan.

New York Stock Exchange depuis le Federal Hall

1 National Museum of the American Indian✦✦

Belle ironie de l'histoire que ce musée dédié à l'art et aux cultures amérindiennes installé sur les terres même que les Hollandais arrachèrent aux Lenapes pour fonder la colonie de New Amsterdam ! La vocation portuaire de Manhattan ne s'est jamais démentie depuis, comme en atteste ce grandiloquent édifice Beaux-Arts de 1907, l'ancien hôtel des Douanes, alors reflet de la puissance de New York, le plus grand port de commerce au monde.

Expositions

Hopis d'Arizona, Hurons d'Ontario, Mapuche du Chili, Chumash de Californie... **Infinity of Nations** illustre la diversité et la richesse culturelle des nations indiennes à l'échelle de tout le continent. Elle documente aussi l'influence de la culture des colons sur les traditions et l'artisanat amérindiens. **Ancestral Connections** offre une plongée dans l'univers de dix artistes amérindiens contemporains qui se sont inspirés de leurs identités et de leurs racines pour créer des œuvres d'art uniques, pleines de symbolisme, qui explorent tout à la fois le passé, le présent et le futur des nations indiennes.

1 Bowling Green, angle State St. • (212) 514 37 00 • americanindian.si.edu • Lun.-dim. 11h-16h (vérifier impérativement les horaires en ligne) ; fermé 25 déc. • Accès libre.

2 Fraunces Tavern Museum✦

Quittez un instant les rives du XXIe s. pour l'Amérique révolutionnaire. Ce pub, ouvert en 1762, fut d'abord un foyer intellectuel majeur de la révolution, accueillant les réunions secrètes des Sons of Liberty, pourfendeurs des taxations puis de l'occupation imposées par les Anglais. En 1783, après avoir jeté les dernières troupes coloniales à la mer, George Washington réunit dans la Long Room les officiers de son armée continentale pour des adieux émus… Il était alors loin d'imaginer que, six ans plus tard, il prêterait serment comme premier président des États-Unis, à deux pas d'ici ! Dans le musée, à l'étage, la Long Room et la Clinton Room, décorées de portraits, tableaux, documents, armes et drapeaux, chantent le triomphe de la révolution.

54 Pearl St. et Broad St. • (212) 425 17 78 • frauncestavernmuseum.org • Mer.-dim. 12h-17h; fermé Noël et j. de l'An. • Entrée : $7.

3 Wall Street et Federal Hall✦

Wall Street tient son nom du mur érigé au nord de la colonie, en 1653, par des Hollandais soucieux de se protéger des incursions des Indiens lenapes et

Pause 100 % new-yorkaise : Leo's Bagels

La tradition new-yorkaise du bagel a trouvé chez Leo's l'un de ses meilleurs serviteurs. Et les habitants et employés du Financial District une cantine providentielle. Leo, c'est le nom d'un arrière-grand-oncle du fondateur, un juif polonais immigré au XIXe s. C'est aussi une spécialité du Lower East Side d'antan, le LEO (*Lox-Eggs-Onions* – omelette aux oignons et au saumon sur un bagel), remise au goût du jour ($10,50). Pour le reste, Leo's propose une grande variété de bagels et *schmears* (garnitures), mais aussi des soupes, salades et sandwichs au pastrami ($11,25).

2 *3 Hanover Square • (212) 785 47 00 • leosbagels.com • Lun.-ven. 6h-15h, sam.-dim. 7h-16h.*

des Britanniques. En partant de Trinity Church, sur Broadway, on découvre le gratte-ciel Art déco de l'**ex-Bank of New York,** reconverti en immeuble de luxe, puis la célèbre **Bourse (New York Stock Exchange)** à l'angle de Broad St. (ne se visite pas) et le **Federal Hall** devant lequel s'élève une statue monumentale de George Washington. C'est ici que le héros de la guerre d'Indépendance fut intronisé premier président des États-Unis le 30 avril 1789.

26 Wall St. • (212) 825 69 90 • nps.gov/feha • Lun.-ven. 9h-17h • Accès libre ; fermé jusqu'à nouvel ordre.

4 Charging Bull et Fearless Girl✦

Les touristes qui s'amusent des testicules géants du *Charging Bull* (« taureau chargeant ») ignorent souvent que l'œuvre de l'artiste italien Arturo Di Modica fut à l'origine (1989) installée sans autorisation devant Wall Street afin d'en dénoncer les excès. Rapidement relocalisée sur Bowling Green, l'œuvre perdit toute sa portée critique… Jusqu'à ce qu'une « jeune fille sans peur » *(Fearless Girl)*, posée illégalement face à la bête la veille de la journée internationale des droits des femmes en 2007, ne convertisse le symbole des excès de la finance en incarnation d'une masculinité brutale ! Le face-à-face déplut tant à Di Modica que la jeune fille pleine de toupet fut déménagée… devant Wall Street ! Passant ainsi de la lutte féministe à la résistance face au pouvoir de l'argent… CQFD.

Bowling Green (Charging Bull) *et Broad St.* (Fearless Girl).

5 South Street Seaport District✦✦

De 1815 à 1860, le quartier entre Maiden Lane et Dover Street fut le centre du port de New York. À deux pas des quais, ses jolies ruelles pavées bordées de maisons en brique rappellent ce riche passé maritime. La visite du modeste **South Street Seaport Museum,** qui inclut celle des vieux voiliers de commerce amarrés au Pier 16, en retrace l'histoire passionnante. Après avoir évité de peu la boule de démolition, le quartier a trouvé un second souffle, accueillant restos, bars et boutiques branchés et le nouveau **complexe gourmet Pier 17** (89 South St.).

South Street Seaport Museum : *12 Fulton St. • ☎ (212) 748 86 00 • southstreetseaportmuseum.org • Mer.-dim. 11h-17h; fermé certains j.f., se renseigner • Entrée : $ 20.*

6 New York City Hall✦

Au cœur du City Hall Park se dresse le plus ancien hôtel de ville du pays toujours en activité. Achevé en 1811, l'édifice est réputé pour sa belle rotonde et sa fameuse collection (XVIIIe-XIXe s.) de portraits de personnalités de la Révolution américaine accrochée dans la Governor's Room. À ne pas manquer : le portrait de George Washington par John Trumbull, le premier peintre véritablement

Pier 17

« américain » ; celui du plus français des héros de l'histoire américaine, le marquis de Lafayette ; et le mobilier d'époque fédéral, dont le bureau de George Washington.

260 Broadway, niveau Murray St. • ☎(212) 788 26 56 • nycgo.com/attractions/city-hall • Visite guidée uniquement (gratuite) jeu. à 10h sur résa ou mer. à 12h (s'inscrire au kiosque d'information touristique au sud du parc entre 10h et 11h30).

7 Woolworth Building✦✦

Construit en 1913 par l'architecte Cass Gilbert, ce building néogothique a été jusqu'en 1930 le plus haut gratte-ciel du monde (241 m). Son hall monumental est un joyau décoré de mosaïques byzantines, de fresques, de dorures et de curieux personnages, accessible uniquement dans le cadre d'une visite guidée.

233 Broadway et Barclay St. • ☎(203) 966 96 63 • woolworthtours.com • Visite guidée sur résa (à partir de 10 ans) : $20/$30/$45 (30/60/90 min).

8 World Trade Center✦✦✦

Après les attentats du 11 septembre 2001 et l'effondrement des Twin Towers, le site du World Trade Center n'était qu'un gigantesque trou béant baptisé **Ground Zero**. Le nouveau complexe, orchestré par Daniel Libeskind (Musée juif de Berlin), prend forme et devrait être achevé en 2022. Il comprend aujourd'hui quatre tours achevées,

Oculus, station du PATH

dont One WTC, le plus haut gratte-ciel du pays, un musée et un mémorial des attentats, un centre culturel (Perelman Performing Arts Center) et une gare intermodale couronnée de l'Oculus, une structure spectaculaire signée Calatrava.

One World Trade Center (One WTC)

D'abord baptisé Freedom Tower, le One WTC de l'architecte David Childs a été inauguré en 2014. La tour de verre à facettes ultra-sécurisée culmine à 541 m, soit 1 776 pieds (année de la Déclaration d'indépendance des États-Unis). Elle est coiffée d'une flèche en spirale faisant écho à la torche de la statue de la Liberté. On rejoint sa plateforme d'observation (**One World Observatory**), au 102e niveau, en 47 secondes, en assistant à la naissance et au développement de la ville recréés en images de synthèse sur les parois du SkyPod au fur et à mesure de l'ascension.

Oculus-Transportation Hub

Une cathédrale ? Un oiseau libéré ? Le dos d'un stégosaure ? Les New-Yorkais hésitent encore sur la vraie nature de l'Oculus, l'époustouflante structure édifiée par l'architecte espagnol Santiago Calatrava au-dessus de la gare intermodale du PATH (Port Authority Trans-Hudson) et du centre commercial Westfield. Une chose est sûre, malgré son coût de 4 milliards de dollars (!), l'enthousiasme est total pour cette addition originale au WTC. L'intérieur, d'un blanc immaculé, est baigné de lumière naturelle grâce à une saignée longitudinale dans la voûte, où vient s'allonger, de tout son long, la tour du One WTC.

One World Observatory : *One World Trade Center, angle de West St. et Vesey St., 117 West St. • (184) 469 61 77 • oneworldobservatory.com • Mai-sept. : t.l.j. 8h-23h; hors saison : horaires variables • Entrée : $43; résa recommandée en ligne ou par tél.*

Oculus : *70 Vesey St. • Centre commercial : lun.-sam 10h-20h, dim. 11h-19h • Accès libre.*

9 9/11 Memorial et Museum★★★

9/11 Memorial

Conçu par l'architecte Michael Arad et l'architecte-paysagiste Peter Walker, le mémorial a été inauguré lors du 10e anniversaire de la tragédie. Dans un jardin de 400 chênes blancs, où a été replanté un poirier rescapé, deux bassins de 4 000 m² épousent l'empreinte des tours jumelles. Des chutes d'eau de 9 m se déversent dans un puits inférieur dont le fond se dérobe à la vue, un trou noir angoissant symbole de celui dans lequel ont disparu les 2 983 victimes des attentats,

9/11 Memorial

dont les noms sont gravés sur les parapets en bronze.

9/11 Museum

Le musée multimédia et souterrain du mémorial s'attache aux implications des événements du 11-Septembre. Il rassemble plus de 10 000 objets, souvenirs, photos, vidéos et enregistrements de témoins, de rescapés et de victimes, et d'imposantes reliques du WTC d'origine : mur des fondations, dernière poutre retirée du site (Last Column) recouverte d'inscriptions, et escalier des survivants. La poignante galerie de portraits In Memoriam rend hommage aux victimes des attaques terroristes de 2001 et de l'attentat à la bombe perpétré en 1993 au World Trade Center.

180 Greenwich St., entre les deux bassins • 911memorial.org
Memorial : *• t.l.j. 10h-17h • Accès libre.*
Museum : *jeu.-lun. 10h-17h, ven.-sam. 9h-21h • Entrée : $26; entrée + visite guidée du musée : $46; entrée + visite guidée du mémorial $41. Achat des billets en ligne conseillé (+ $2 commission) ou sur place (attendez-vous à faire la queue) • Gratuit les lun. 15h30-17h (billets délivrés sur le principe du premier arrivé, premier servi, à partir de 7h, limité à 4 billets/pers.).*

10 St Paul's Chapel✦

La plus vieille église de New York (1766) a résisté à l'effondrement des Twin Towers. Lieu de repos des sauveteurs après les attentats, elle abrite une exposition et des souvenirs de la tragédie. Son vieux cimetière au milieu des buildings offre un décalage surprenant.

Angle Broadway et Fulton St. • ☎(212) 602 08 00 • trinitywallstreet.org • T.l.j. 10h-18h.

Restos | Bars | Hôtels | Shopping | Activités

Restos Bistrots

Key Food

Cafétéria 3 Plan B6

Ce petit supermarché dispose d'un *food hall* proposant un grand choix de salades variées et de plats chauds à combiner dans une grande assiette (ou une boîte à emporter). C'est varié, frais, bien cuisiné et à des prix doux pour le quartier. Installez-vous derrière la baie vitrée du premier étage pour un déjeuner en tête à tête avec One World Trade Center.

55 Fulton St. • M° Fulton St. • ☎(646) 581 92 60 • keyfood.com • Cafétéria : 11h-21h • Plats $9,99/450 g.

Big Gay Ice Cream

Glacier 4 Plan B6

Un glacier un brin magicien qui confectionne des *soft serve* géantes et pleines de fun – la fameuse glace à l'italienne inventée aux États-Unis

Big Gay Ice Cream

dans les années 1930 ! Salty Pimp, Truckers, Rocky Roadhouse… Ces douceurs glacées à la texture aérienne sont servies en cône ou en pot, décorées de *toppings* étonnants (*pretzel*, marshmallow, *wafer*) puis plongées dans le bain de votre choix : chocolat, caramel, pépites multicolores…

207 Front St. • M° Fulton St. • (267) 886 80 24 • biggayicecream.com • Dim.-mer 12h-23h, jeu.-sam. 12h-minuit • Cornets $5,50-$8.

Crown Shy

Américain

5 Plan B6

Parfois considéré comme un désert culinaire, le Financial District abrite désormais l'un des nouveaux restaurants les plus renommés de la ville. Ici, l'idée est de tout partager pour goûter un maximum de plats. Les beignets frits au gruyère sont aussi délicieux que les poissons marinés et les assiettes de pâtes. Un sans-faute !

70 Pine St., angle Pearl St. • M° Wall St. • (212) 517 19 32 • crownshy.nyc • Lun.-ven. 17h30-minuit, sam.-dim. 11h-14h (brunch) et 17h30-minuit (dîner) • Assiettes à partager $14-$38, brunch : $65, **gruyère fritters :** ***$14.***

Gansevoort Liberty Market

Food court

6 Plan B6

Le temple des foodies a quitté le Meatpacking District pour s'installer dans le centre commercial Westfield, relié à l'Oculus. Au menu, des cuisines des quatre coins du globe : pizzas, tacos, cuisine coréenne, spécialités japonaises, plats péruviens, *poke bowls*, pâtisseries, etc. C'est frais, délicieux et relativement bon marché. Il y a de nombreuses places assises à l'intérieur du *food court* pour déguster tout ça.

101 Liberty St., entre Church St. et Greenwich St. • M° Cortland St. ou Fulton St. • (347) 835 17 89 • gansevoortmarketnyc.com • Lun.-ven. 7h-19h, sam.-dim. 11h-19h.

Infos Covid-19 ⚠

Compte tenu du contexte sanitaire, de nombreuses adresses sont amenées à restreindre leur ouverture et à s'adapter à la situation. Nous vous recommandons de vérifier leurs horaires sur leur site Internet ou leur page Facebook.

Bowne & Co. Stationers

Shopping Cadeaux

Bowne & Co. Stationers

Papeterie 1 Plan B6

Cette ancienne échoppe de marchand (1775) abrite une délicieuse imprimerie typique du XIXe s. où l'on vient respirer l'atmosphère du vieux New York. On y imprime, sur des presses d'époque, papier à lettres, papier cadeau, plans du Manhattan d'antan, carnets, affiches ($25) et cartes postales (à partir de $3). Visitez les deux boutiques : un must pour les accros de papeterie et de typo rétro!

211 Water St., entre Fulton St. et Beekman St. • M° Fulton St. • (646) 315 44 78 • T.l.j. 11h-19h.

Anthropologie

Concept store 2 Plan B6

Ce gigantesque espace aménagé en grenier chic aux allures de brocante fait un carton à New York. Il propose des vêtements pour femmes à la fois ultraféminins et décontractés, à des prix qui restent toutefois relativement élevés (comptez env. $170 pour une robe). On y trouve aussi de la lingerie, de la jolie vaisselle et des petits objets de décoration. Pas mal pour un shopping un peu bohème.

195 Broadway • M° Cortland St. ou Fulton St. • (212) 385 36 47 • anthropologie.com • Lun.-sam. 10h-19h, dim. 11h-18h.

SHOPPING 100 % NEW-YORKAIS

Des boutiques décalées, des marques de streetwear iconiques, des accessoires hyper urbains, voici une sélection 100 % new-yorkaise que vous allez adorer.

Bowne & Co. Stationers

Cette imprimerie du XIXe s. fabrique encore aujourd'hui de la papeterie rétro.

Voir p. 38, quartier 2, Financial District et Wall Street.

MoMA Design Store

On y déniche des objets déco contemporains, des gadgets et des reproductions d'œuvres d'art.

Voir p. 46, quartier 3, De TriBeCa à SoHo.

Supreme

LA référence mondiale en matière de skateboard ! Planches en édition limitée et vêtements streetwear.

Voir p. 56, quartier 4, Chinatown, Little Italy et NoLIta.

Flight Club

Pour les fans de *sneakers*, un dépôt-vente regorgeant de pépites introuvables ailleurs.

Voir p. 89, quartier 7, Greenwich Village et West Village.

Evolution

En quête d'une déco décalée ? Passez la porte de cette boutique aux airs de cabinet de curiosités.

Voir p. 89, quartier 7, Greenwich Village et West Village.

Brooklyn Flea

Un marché aux puces à l'ambiance vintage où sont vendus de jolis objets artisanaux.

Voir p. 171, quartier 16, DUMBO et Brooklyn Heights.

Brooklyn Industries

On fait ici le plein de vêtements et accessoires estampillés Brooklyn.

Voir p. 188, quartier 18, Williamsburg et Greenpoint.

Supreme

DE TRIBECA À SOHO

3

De l'époque où ils étaient le cœur industriel et commercial de New York, TriBeCa (Triangle Below Canal Street) et SoHo (South of Houston) ont conservé de vieux entrepôts de briques et des édifices à ossature en fonte, les fameux *cast-iron buildings* (voir p. 91). Dans le sillage des artistes du pop art – Warhol et Lichtenstein en tête –, partis quant à eux depuis longtemps, célébrités et gens de la finance ont investi les deux quartiers, où s'alignent désormais boutiques chic, galeries d'art et restaurants branchés.

North Cove Yacht Harbor

1 Battery Park City Promenade✦✦

Une agréable façon de faire une pause au bord de l'eau dans ce quartier minuscule qui porte le nom de Battery Park City. Le Governor Nelson A. Rockefeller Park, avec ses belles pelouses et sa promenade le long de l'Hudson River, est un bon moyen de s'éloigner des bruits de la ville. En face, c'est l'État du New Jersey. Si vous traversez le parc du nord au sud, vous découvrirez le point de départ des ferries pour la statue de la Liberté (p. 20). Sur votre chemin, vous croiserez un petit port, le **North Cove Yacht Harbor** (plan A6), entouré de cafés et de restaurants avec terrasses durant l'été, et le **World Financial Center** et son jardin d'hiver (plan A6).

Entrée à l'extrémité de Chambers St. en direction de l'Hudson River • bpca.ny.gov

Battery Park City Promenade

② Autour de North Moore Street et Franklin Street✦

Façade en fonte, en marbre ou en grès, styles italianisant, Second Empire ou Beaux-Arts... Une promenade dans le quartier révèle la richesse du patrimoine architectural hérité de la seconde moitié du XIXᵉ s. quand la zone était le centre de l'industrie textile. Parmi les édifices les plus remarquables : le **67 Franklin St.** (1881), l'un des plus beaux exemples d'édifices *cast-iron* de la ville ; la célèbre caserne de pompiers **Hook & Ladder** (angle North Moore St. et Varick St.) ; le monumental **Sugar Building** de Laight St. (n° 79) ; **Hope Building** sur Duane St. (n° 131) ; **Obsidian**

Pause brunch et branchée : Bubby's

Si vous voulez vous imprégner de l'ambiance de TriBeCa, bruncher chez Bubby's est une étape incontournable. C'est le repère de tous les habitants du quartier. Une cuisine américaine riche et des portions généreuses. Notre péché mignon : leurs *pancakes*. Parmi les meilleurs de New York !

7 ***120 Hudson St., angle N Moore St. • M° Franklin St. • ✆(212) 219 06 66 • bubbys.com • Dim.-jeu. 8h-22h, ven.-sam. 8h-23h • Plats env. $19-$27,*** **pancakes : *$21.***

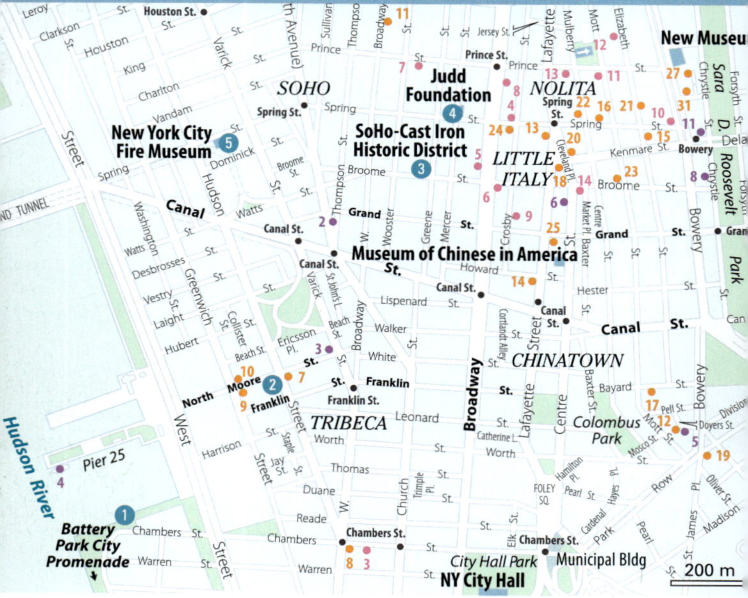

House au 93, Reade St. ou encore le très italianisant **Cary Building** sur Chambers St. (n° 110).

❸ SoHo-Cast Iron Historic District⁺⁺

Classé zone historique, SoHo offre sur 26 blocks le plus bel échantillon de *cast-iron buildings* (immeubles en fonte) au monde. Greene St. aligne des spécimens remarquables de la fin du XIXe s., de style Second Empire (nos 28-30) ou Renaissance française (nos 72-76). De style Beaux-Arts, le Little Singer Building (1905), ancien entrepôt des célèbres machines à coudre, est l'un des plus beaux (561-563 Broadway et 88 Prince St.).

Entre W Broadway et Lafayette St., Canal et Houston St.

❹ Judd Foundation⁺⁺

Donald Judd est l'un des pères du minimalisme américain. Les pièces à vivre et son atelier ont été conservés tels quels dans sa résidence new-yorkaise en plein cœur de SoHo. Minimalistes donc. Visiter le 101 Spring street, c'est se replonger dans le SoHo des années 1960, avec ses friches industrielles et sa communauté d'artistes. Vous trouverez chez Donald Judd ses œuvres mais également celles d'amis artistes : les néons de Dan Flavin, les voitures compressées de John Chamberlain, un *ready-made* de Marcel Duchamp, etc.

101 Spring St. • (212) 219 2747 • juddfoundation.org • Visites jeu. et ven. à 11h, 13h, 15h et 17h, sam. à 11h, 13h, 14h et 16h ; fermé certains j.f., se renseigner • Résa sur leur site obligatoire • Visite de 75 min • Entrée : $27,50.

5 New York City Fire Museum✦

Logé dans une caserne de style Beaux-Arts datant de 1904, ce musée retrace l'histoire des pompiers de New York, des brigades des seaux de La Nouvelle-Amsterdam aux équipements high-tech d'aujourd'hui : casques, sirènes, pompes à vapeur, hippomobiles… Un mémorial rend hommage aux 343 pompiers qui n'ont pas survécu aux attentats du 11 septembre 2001.

SoHo et ses cast-iron buildings

278 Spring St. • (212) 691 13 03 • nycfiremuseum.org • Mer.-dim. 10h-17h; fermé certains j.f., se renseigner • Entrée : $10.

Restos | Bars | Hôtels | Shopping | Activités

Restos Bistrots

Little Park

Américain 8 Plan H8

Le chef Andrew Carmellini propose une cuisine de saison dans un décor élégant et apaisant où on aime se poser à toute heure de la journée : pour le brunch, pour une pause-café ou pour un dîner raffiné. Allez également explorer le lounge et le bar du Smyth Hotel dans lequel se trouve Little Park : on adore.

*Smyth Hotel, 85 W Broadway • M° Chambers St. • (212) 220 41 10 • littlepark.com • T.l.j. 7h-22h ; **fermé jusqu'à nouvel ordre** • Plats $14-$26 (brunch).*

Locanda Verde

Italien 9 Plan G8

C'est le restaurant de Robert de Niro situé dans le très cossu Greenwich Hotel. Si la cuisine est italienne, l'ambiance est new-yorkaise. Murs de briques, mobilier industriel et une belle hauteur sous plafond. La cuisine est simple et délicieuse dans cet endroit branché pour « voir et être vu ».

377 Greenwich St. • M° Franklin St. • ☎(212) 925 37 97 • locanda verdenyc.com • **Lunch :** *lun.-ven. 11h30-15h;* **dinner :** *dim.-jeu. 17h-22h, ven.-sam. 17h-23h;* **brunch :** *sam.-dim. 10h-15h • Plats $29-$55.*

Smith & Mills

Sur le pouce 10 Plan G8

Si vous cherchez un endroit intime bourré de charme, poussez la porte cochère de Smith & Mills. Cette ancienne remise à calèches a été reconvertie en restaurant avec quelques tables et un superbe bar. Décor vintage, esprit des années 1930 et cuisine européenne. Vous pourrez y partager des planches de charcuterie et des fromages.

71 N Moore St. • M° Franklin St. • ☎(646) 858 14 33 • smithandmills.com • T.l.j. 16h-23h30 • Plats $18-$38.

Sadelle's

Bagels 11 Plan H7

Dans la surenchère au meilleur bagel à NYC, Sadelle's a indiscutablement mis la barre très haut ! On adore l'ambiance de cette épicerie fine et de ce restaurant spécialiste du petit pain rond. Vestes blanches, nœuds papillon roses et bretelles vertes, les serveurs semblent sortis d'un film de Wes Anderson.

463 West Broadway • ☎(212) 776 49 26 • sadelles.com • Restaurant et épicerie : lun.-jeu. 9h-15h, ven. 9h-17h, sam.-dim. 8h-17h • Bagel au saumon $24.

Bars, clubs Sorties

Jimmy

Bar à cocktails 2 Plan H7

Perché au 18ᵉ niveau de l'hôtel ModernHaus Soho, le Jimmy offre un panorama dégagé sur le sud de Manhattan. Ambiance chic et branchée, déco design très années 1970 et cocktails soignés, comme le *Grilled Pineapple Mojito* (rhum, ananas grillé, citron vert, menthe). Vous pourrez profiter de la terrasse et de la piscine extérieure !

15 Thompson St. • M° Canal St. • ☎(212) 201 91 18 • jimmysoho.com • Lun.-mer. 17h-1h, jeu.-ven. 17h-2h, sam. 15h-2h, dim. 15h-1h • Cocktail $19.

Brandy Library

Bar à spiritueux 3 Plan H8

L'antre chic des amateurs de spiritueux pour déguster un vieux brandy ou un single malt, enfoncé dans un fauteuil club, bercé par des standards de jazz. L'époustouflante sélection de whiskys, cognacs, armagnacs, calvados et rhums

Grand Banks

de cette précieuse bibliothèque (900 références) est doublée d'une carte de 20 cocktails. Une ambiance raffinée sans être snob, idéale pour se relaxer.

25 N Moore St., angle Varick St. • M° Franklin St. • (212) 226 55 45 • brandylibrary.com • Mar.-mer. 16h-minuit, jeu.-sam. 16h-2h • Whisky à partir de $15.

Grand Banks

Bar à cocktails 4 Plan G8

Le bateau de pêche historique, le *Sherman Zwicker,* s'est reconverti en 2016 en bar à cocktails et à huîtres. À déguster à bord, un assortiment de tapas de la mer et une sélection d'huîtres locales. On sirote son verre de rosé, on commande son assiette de *ceviche* en admirant le coucher du soleil… comme un air de vacances.

Pier 25, Hudson River Park, N. Moore St. • M° Chambers St. • (212) 660 63 12 • crewny.com/grand-banks • Vérifier les horaires sur le site.

Shopping Cadeaux

Philip Williams Posters

Affiches 3 Plan H8

Avec plus de 100 000 posters originaux datant de 1870 à nos jours, cette enseigne se place parmi les mieux fournies au monde. Publicités signées Villemot (Perrier, Orangina, etc.), Savignac, Warhol ou Dalí, affiches de propagande ou de films, raretés dénichées au Japon ou en Inde, la boutique aux airs de loft est un véritable petit musée de l'affiche!

122 Chambers St., entre W Broadway et Church St. ou 52 Warren St. • M° Chambers St. • (212) 513 03 13 • postermuseum.com • Lun.-sam. 10h-19h • À partir de $50.

MoMA Design Store

Design

4 Plan H7

Une superbe collection de reproductions d'objets contemporains (vases, vaisselle, bijoux, lampes…), de meubles exposés au MoMA, de tableaux de Matisse ou Dalí ($17-$350), ainsi que des accessoires de bureau minimalistes et des gadgets très originaux ! Vaste collection de beaux livres au sous-sol ainsi qu'un stand de la marque japonaise Muji et de la marque scandinave Hay.

81 Spring St., angle Crosby St. • M° Spring St. • (646) 613 13 67 • store.moma.org • Lun.-ven. 12h-19h, sam.-dim. 11h-19h.

Levi's Store

Denim

5 Plan H7

Si vous un êtes un inconditionnel de jeans, courez dans la boutique de la célèbre enseigne ! Vous retrouverez le modèle phare de Levi's, le 501, ainsi que tous les autres.

495 Broadway, angle Broome St. • M° Broadway-Lafayette St. • (646) 613 18 47 • levi.com • Dim.-jeu. 11h-19h, ven.-sam. 10h-20h.

J. Crew Men's Shop

Mode homme

6 Plan H7

Les adeptes du style cool chic vont pouvoir étoffer leur dressing. La marque américaine propose des vêtements à la fois soignés, dans l'air du temps, colorés et abordables.

484 Broadway, angle Broome St. • M° Prince St. • (212) 343 12 27 • jcrew.com • Lun.-sam. 10h-19h, dim. 11h-18h • T-shirts et polos $25-$60, jeans à partir de $135.

Nars

Beauté

7 Plan H7

Le Français François Nars a débuté en vendant ses rouges à lèvres chez Barneys. Depuis, la marque new-yorkaise de cosmétiques haut de gamme connaît un succès fou. Vous trouverez ici tous les produits cultes, comme l'incontournable Orgasm Blush ($30) et la ligne Nars 413 BLKR.

124 Prince St., entre Wooster St. et Greene St. • M° Prince St. • (646) 356 04 23 • narscosmetics.com • T.l.j. 11h-19h.

Converse

Chaussures

8 Plan H7

Dans l'unique magasin new-yorkais de la célèbre marque américaine, vous découvrirez la plus grande collection de la légendaire basket en textile, de vêtements et d'accessoires avec quantité de modèles introuvables ailleurs. Les plus créatifs pourront personnaliser leurs *sneakers* achetées sur place.

560 Broadway, angle Prince St. • M° Prince St. • (212) 966 10 99 • converse.com • Lun.-sam. 10h-20h, dim. 11h-20h • Baskets à partir de $50, pantalons $35.

NOS ROOFTOPS PRÉFÉRÉS

De nombreux hôtels ont transformé leur rooftop (terrasse sur le toit) en bar à cocktails. Pour siroter un cosmo, l'incontournable boisson new-yorkaise, prenez de l'altitude et profitez de la vue (comptez $12-19 le verre) !

Westlight

Jimmy

On y trempe les pieds dans sa piscine extérieure tout en sirotant un mojito.

Voir p. 44, quartier 3, De TriBeCa à SoHo.

Mr. Purple

Depuis ce rooftop chic, vue à 360 ° sur la ville et le One World Trade Center.

Voir p. 65, quartier 5, Lower East Side.

Westlight

L'une des plus belles vues sur la *skyline* de Manhattan.

Voir p. 185, quartier 18, Williamsburg et Greenpoint.

Gallow Green

Un espace double en plein cœur de Chelsea : aux beaux jours, oasis de verdure ; en hiver, chalet alpin !

Voir p. 99, quartier 8, Chelsea, Meatpacking et Hudson Yards.

Refinery Rooftop Bar

Été comme hiver, la vue est imprenable sur l'Empire State Building.

Voir p. 115, quartier 10, L'Empire State Building et ses environs.

CHINATOWN, LITTLE ITALY ET NOLITA

4

Bouillonnants d'animation, Chinatown et ses enseignes multicolores procurent un dépaysement total ! Les produits exotiques débordent sur les étals en plein air, les échoppes fourmillent de pacotilles colorées, les canards laqués squattent les vitrines, les contrefaçons s'affichent sur Canal Street, et les parties de mah-jong se disputent à Columbus Park, site de Five Points, célèbre taudis du XIXe s. Engloutie par Chinatown, Little Italy se résume aujourd'hui à la seule Mulberry Street, tandis que NoLIta et ses petites boutiques *fashion* annoncent une belle séance de lèche-vitrines !

Mott Street, à Chinatown

1 Grand Street✦✦

Les marchés de Grand St. sont réputés pour avoir les meilleurs poissons, fruits et légumes frais de New York. Allez-y le week-end, c'est le moment où tous les Chinois viennent faire leurs courses : vous serez plongé au cœur de l'Asie, entouré d'odeurs alléchantes.

Entre Chrystie St. et Baxter St.

2 Canal Street✦

Canal St. est réputée pour être le royaume de la contrefaçon. Cependant, n'oubliez pas que l'importation de ces articles est totalement interdite en France, que la qualité est médiocre et que les produits peuvent être dangereux pour la santé. On y trouve en revanche des babioles touristiques à des prix imbattables.

Entre Broadway et Mulberry St.

Little Italy

3 Museum of Chinese in America (MOCA)**

Ce musée consacré à la communauté américaine d'origine chinoise a investi un bel espace signé Maya Lin. En plus des expositions temporaires, la collection d'objets, photos, films, lettres, documents sonores, complétée de bornes interactives, évoque l'histoire et la culture des immigrés chinois arrivés aux États-Unis au milieu du XIXe s. et de leurs descendants.

Pause dim sum : Nom Wah Tea Parlor

Délicieusement suranné, le plus vieux salon de thé de Chinatown sert des *dim sum* depuis 1920 pour accompagner la dégustation de thé. À vous de cocher dans la liste parmi la foule de petits mets cuits à la vapeur ou frits, que l'on vous présentera sur des chariots, selon la tradition cantonaise : *bun* au porc ($5,25), crevettes frites, boulettes de bœuf... Un vrai délice qui vous fera voyager !

12 *13 Doyers St. • M° Canal St. • (212) 962 60 47 • nomwah.com • T.l.j. 10h-22h • Dim sum $3,25-$8,25.*

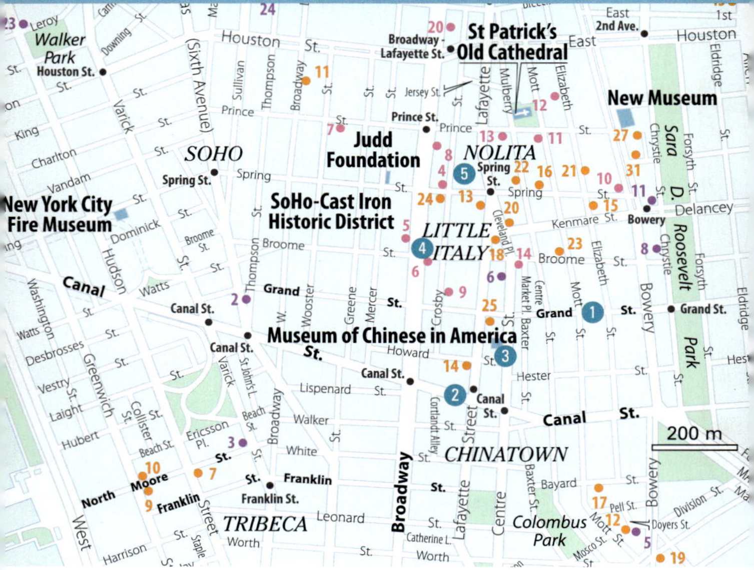

215 Centre St., entre Grand St. et Howard St. • ☎(212) 619 47 85 • mocanyc.org • Mer. et ven.-dim. 11h-18h, jeu. 11h-21h; fermé certains j.f., se renseigner • Entrée : $12 (gratuit 1er jeu. du mois).

④ Little Italy✦

Il ne reste que bien peu de choses de Little Italy, si ce n'est une quantité de restaurants italiens… plus touristiques qu'authentiques. On y débusque une poignée d'enseignes de la fin du XIXe s. : la pâtisserie Caffé Roma ; la plus vieille crémerie d'Amérique, Alleva (188 Grand St., angle Mulberry, ☎(212) 226 79 90, t.l.j. 10h-18h) ; et Ferrara (1892), le plus ancien espresso-bar des États-Unis (195 Grand St., entre Mott et Mulberry, ☎(212) 226 61 50, lun.-jeu. 10h-21h, ven.-sam. 9h-23h, dim. 9h-21h). En septembre, les Américano-Italiens y célèbrent San Gennaro, une commémoration religieuse napolitaine exportée dans Mulberry St. dans les années 1920.

Entre Canal St. et Kenmare St.

⑤ NoLIta✦

Coincé entre Houston, Broome, Lafayette et Bowery, le micro-quartier de North of Little Italy aligne magasins et petites boutiques fashion. **St Patrick's Old Cathedral** (1815), au 263 Mulberry St., est la plus ancienne église

St Patrick's Old Cathedral

catholique de la ville. Refuge des immigrants irlandais au XIXe s., elle est aujourd'hui fréquentée par les communautés dominicaine et chinoise (messes en espagnol et en mandarin le dimanche). Sur Lafayette, à l'angle de Houston St., le **Puck Building** rappelle le destin extraordinaire du magazine satirique fondé en 1876, qui joua un rôle politique majeur jusqu'en 1918.

St Patrick's Old Cathedral : *263 Mulberry St., angle Prince St. • (212) 226 80 75 • oldcathedral.org • Lun.-ven. 8h-18h, sam. 8h-18h30, dim. 8h-20h.*

Restos | Bars | Hôtels | Shopping | Activités

Restos Bistrots

Jack's Wife Freda

Bistrot 13 Plan H7

Ce café aux airs de bistrot parisien est idéal pour commencer la journée. L'accueil y est excellent, la bande-son jazzy à souhait et l'assiette du petit déjeuner pleine de couleurs et de saveurs méditerranéennes : gaufre à l'eau de rose et aux fruits rouges, *chakchouka* tunisienne au poivron rouge, œufs pochés au halloumi grillé… On y déjeune de salades

The Butcher's Daughter

variées, de sandwichs italiens et de quelques plats bien inspirés (kebab de poulet, poisson à la plancha).

224 Lafayette St. • M° Prince St. • (212) 510 85 50 • jackswifefreda.com • Lun.-ven. 11h-22h, sam.-dim. 9h-22h • Breakfast $12-$25, plats $17-$30.

Le Coucou

Français

14 Plan H8

Pendant 15 ans, le chef Daniel Rose a incarné l'Américain à Paris et son restaurant Spring est devenu une véritable *success story*. En 2017, le chef a retraversé l'Atlantique pour ouvrir Le Coucou, son premier restaurant aux États-Unis. Une cuisine traditionnelle française mais une âme 100 % new-yorkaise.

*138 Lafayette St. • M° Canal St. • (212) 271 42 52 • lecoucou.com • Lun.-ven. 7h-10h30, 11h30-14h et 17h-23h, sam.-dim. 7h-10h, 11h-14h et 17h-23h (22h le dim.); **fermé jusqu'à nouvel ordre** • Plats $30-$60, menu lunch (2 plats) : $49.*

The Butcher's Daughter

Végétarien

15 Plan H7

Rébarbative et triste, la cuisine végétarienne ? Attablez-vous plutôt chez Butcher's Daughter pour voir ! La « fille du boucher » a troqué le couteau à désosser du paternel contre l'épluche-légumes et propose une cuisine hyper créative, fun et savoureuse qui renvoie le carnivore à la grotte de Cro-Magnon ! En terrasse l'été ou dans l'espace intérieur lumineux, on goûte à des spécialités aux noms trompeurs qui jouent avec les nerfs du carnassier : Butcher's Burger (pavé de haricots noirs,

$17), Chicken Milanese (poulet végétarien, $15), Crab Cakes (flan de pomme de terre douce et de quinoa, $14). Un régal.

19 Kenmare St. • M° Bowery • (212) 219 34 34 • thebutchersdaughter.com • Dim.-jeu. 9h-21h, ven.-sam. 9h-22h.

Rice to Riches

Riz au lait

16 Plan H7

Avec son décor quasi psychédélique, voici l'adresse incontournable des amateurs de riz au lait. Vous n'en aurez sans doute jamais vu autant de variétés ! Préparés quotidiennement et présentés dans de grands bols un peu surprenants au premier abord, ils renferment des saveurs inoubliables : mangue-citron vert, tiramisu, rhum-raisins, coco…

37 Spring St. • M° Spring St. • (212) 274 00 08 • ricetoriches.com • Dim.-jeu. 11h-23h, ven.-sam. 11h-1h • Part $5,75-$10,75 selon la taille, nappage : $1,50.

Chinatown Ice Cream Factory

Glacier

17 Plan I8

Litchi, mangue, gingembre, thé vert, cookie aux amandes, crème renversée, sésame noir… les parfums proposés par ce glacier chinois vont vous surprendre !

65 Bayard St., entre Mott St. et Elizabeth St. • M° Browery • (212) 608 41 70 • chinatownicecreamfactory.com • T.l.j. 11h-22h • $6,50 la boule, $8,50 les 2 boules, $10,75 les 3 boules.

La Esquina

Mexicain

18 Plan H7

Un vrai petit coin de Mexique entre Chinatown et SoHo. Pour un déjeuner rapide à dévorer dans la rue, passez à la *taquería,* le stand à l'angle, et faites une razzia sur les tacos et sur les délicieuses *quesadillas* garnies de fromage de Chihuahua (l'État du Mexique… pas le chien !). Le café, lui, propose les mêmes en-cas et quelques plats (délicieux Esquina Bowl) que l'on savoure à table dans une déco de cabane en bois. Pour une expérience totale, attablez-vous à la brasserie (résa conseillée), un antre en sous-sol éclairé à la bougie, où l'on dîne parmi les *calaveras* (têtes de mort du Jour des morts) et les masques de *lucha libre,* le catch mexicain, en écoutant des DJs à la mode.

114 Kenmare St. • M° Spring St. • (646) 613 71 00 • esquinanyc.com • Tlj 11h-2h • Tacos $10-11, plats $12-$13.

Dim Sum Go Go

Chinois

19 Plan I8

Cette cantine moderne du sud de Chinatown, toujours bondée, sert d'excellentes bouchées cuites à la vapeur ou frites, des soupes et des boulettes de crevettes au sésame, des travers de porc, etc.

5 E Broadway, entre Catherine St. et Chatham Square • M° Canal St. • (212) 732 07 97 • dimsumgogonyc.com • T.l.j. 10h-23h • Dim sum à l'unité $4,50-$6, assortiment env. $15,95.

Eileen's

Cheesecakes 20 Plan H7

C'est une institution depuis 1975 ! Eileen's est aux cheesecakes ce que Ladurée est aux macarons. Mais qu'on soit clair : vous ne venez pas pour l'ambiance feutrée et le décor raffiné à la française d'un Ladurée. Eileen's, c'est une toute petite échoppe cachée au croisement de Lafayette et de Cleveland Place. Une atmosphère délicieusement surannée et des cheesecakes incroyablement bons.

17 Cleveland Place • M° Spring St. • (212) 966 55 85 • eileenscheesecake.com • Dim.-jeu. 11h-19h, ven.-sam. 11h-20h • Mini-cheesecake $5,25.

Ruby's

Lovely Day

Thaï 21 Plan H-I7

Un petit restaurant de quartier où l'on dévore des *pad thaï* et des currys dans une atmosphère décontractée. Deux salles, deux ambiances : au rez-de-chaussée un restaurant rétro et au sous-sol, une seconde salle un peu plus bohème où les habitués aiment prendre un verre au bar.

196 Elizabeth St., entre Prince et Spring St. • M° Spring St. • (212) 925 33 10 • lovelydaynyc.com • T.l.j. 11h-22h • Pad thaï $13-$14.

Ruby's

Burgers 22 Plan H7

On aime Ruby's pour son ambiance intimiste et décontractée, ses burgers, salades et ses *pasta* en sauce, concoctés avec des produits locaux, et pour ses prix doux. Des ingrédients simples mais efficaces, pour passer un bon moment. Il faudra peut-être patienter dehors le temps qu'une table se libère...

219 Mulberry St., entre Prince et Spring St. • M° Prince St. • (212) 925 57 55 • rubyscafe.com • T.l.j. 9h-22h30 • Plats $13-$16,50.

Seamore's

Poissons 23 Plan H7

Un restaurant de poissons qui sent bon le bord de mer et les embruns. Une belle sélection selon l'arrivage du jour ainsi que les classiques *fish tacos* et *fish & chips*. Le tout dans une ambiance balnéaire dépaysante.

390 Broome St., angle Mulberry St. • M° Spring St. • (212) 730 60 05 • seamores.com • Mar. 16h-22h, mer. 12h-22h, jeu.-sam. 12h-23h, dim. 12h-21h ; brunch : sam.-dim. 12h-16h • Fish tacos $16-$18.

Balthazar

Brasserie 24 Plan H7

Depuis son ouverture en 1997, c'est la brasserie la plus prestigieuse de New York ! Dans un beau décor parisien et une ambiance plutôt bruyante, vous dégusterez des plats sans surprise mais de bonne qualité. Un must : le plateau de fruits de mer à partager à deux ($135 le petit, $185 le grand). Essayez le *breakfast*, moins frénétique et tout aussi bon !

80 Spring St., angle Crosby St. • M° Spring St. • (212) 965 14 14 • balthazarny.com • Lun.-ven. 7h30-minuit, sam. 8h30-1h, dim. 8h - minuit • Plats $32-$46, sandwichs $23-$26.

Ed's Lobster Bar

Bar à homards 25 Plan H7-8

Quelle riche idée que d'avoir conçu un bar à homards ! Ce petit restaurant propose fruits de mer, poissons divers et évidemment du homard. Vous pourrez le déguster de différentes façons : froid ou chaud bien sûr, mais aussi en ravioli, en sandwich ou dans une bisque particulièrement goûteuse. Du lundi au vendredi, on profite aussi d'un happy hour sur différents produits : huîtres à $2 le mardi, verre de vin à moitié prix le mercredi, etc.

155 Grand St., angle Lafayette St. • M° Canal St. • (212) 343 32 36 • lobsterbarnyc.com • Dim.-jeu. 11h-21h30, ven.-sam. 11h-22h30 • Homard $20-$40.

Bars, clubs Sorties

Apothéke

Speakeasy 5 Plan I8

Seule une enseigne « Chemist » au-dessus de la porte indique ce *speakeasy* caché dans une ruelle de Chinatown. Il flotte un parfum de XIXe s. dans cette ancienne fumerie d'opium décorée de vieux flacons d'apothicaires, où des mixologistes en blouse blanche concoctent de fabuleux remèdes à base de fruits et herbes bio. Baskets refusées !

9 Doyers St. • M° Canal St., Chambers St. ou Brooklyn Bridge-City Hall • (212) 406 04 00 • apothekenyc.com • Lun.-sam. 18h30-2h, dim. 20h-2h • Cocktails à partir de $19.

La Compagnie des Vins Surnaturels

Bar à vins 6 Plan H7

Au cœur du Little Paris de NoLIta, qui regroupe sur un block plusieurs enseignes tricolores, voici un petit bar à vins à l'ambiance cosy à souhait. Vaste sélection de bouteilles et verres de vin, dont la vaste majorité est originaire de France, avec également quelques belles propositions new-yorkaises (de la région viticole des Finger Lakes), italiennes, espagnoles... Plateaux de fromages, charcuterie et petits plats viennent sublimer l'expérience.

249 Centre St., entre Grand St. et Broome St. • M° Spring St. • (212) 343 36 60 • compagnienyc.com • Lun.-mer. 17h-1h, jeu.-ven. 17h-2h, sam. 16h-2h, dim. 16h-minuit • Verre de vin $12-$23.

Hôtels B&B

The Sohotel

Standard Plan I7

Cet hôtel affiche 88 petites chambres avec salle de bains et équipement standard.

341 Broome St., angle Bowery • M° Bowery • (212) 226 14 82 • thesohotel.com • $150-$450 • Pas de petit déj., mais thé et café gratuits dès 7h.

Shopping Cadeaux

Saturdays Surf NYC

Sportswear 9 Plan H7

Le premier *surf shop* de New York propose sa propre ligne de vêtements pour hommes entre planches de surf et combinaisons. Marinières, chemises à carreaux, t-shirts (à partir de $48), sweats, mais aussi sacs, livres et œuvres d'art ne séduiront pas que les *beach boys*. Les *good vibes* se prolongent avec un café à l'entrée et des sièges dans l'arrière-cour.

31 Crosby St., entre Broome St. et Grand St. • M° Spring St. • (212) 966 78 75 • saturdaysnyc.com • Lun.-ven. 8h-19h, sam. 9h-19h, dim. 10h-19h.

Supreme

Streetwear 10 Plan I7

Le *skateshop* mythique de New York est la référence mondiale du streetwear, avec ses collections toujours très attendues. Skaters et hipsters s'arrachent les séries limitées de la marque, réalisées par des artistes avant-gardistes : *boards* (dès $140), t-shirts arty, etc.

190 Bowery, angle Spring St. • (212) 966 77 99 • supremenewyork.com • Lun.-sam. 11h-19h, dim. 12h-18h • Sweatshirts $120-$150 ; t-shirts $40-$50 ; skateboard à partir de $80.

Autre adresse : *152 Grand St., Brooklyn • (718) 599 27 00.*

Bag-All

Sacs 11 Plan H7

Déferlante de pochettes et sacs en tissu dans cette charmante boutique. Vous trouverez des pochons décorés d'une paire d'escarpins pour protéger vos stilettos préférés. Des pochons pour votre appareil photo, vos lunettes de soleil... il y a des pochettes pour à peu près tout ! C'est réutilisable et surtout personnalisable. Une belle attention à prix tout doux.

219 Mott St. • M° Spring St. • (800) 212 13 01 • bag-all.com • T.l.j. 11h-18h.

Clare V.

Accessoires en cuir — 12 Plan H7

On n'a pas encore trouvé mieux que les cuirs souples de Clare Vivier. Cette créatrice californienne fait fureur auprès des *fashionistas* qui s'arrachent ses sacs et pochettes. Vous trouverez également d'élégants porte-clefs en cuir, quelques hauts estampillés d'interjections en français ou encore une sélection originale de bougies et bijoux.

239 Elizabeth St. • M° Spring St. • ☎(646) 484 57 57 • clarev.com • Lun.-sam. 10h-18h, dim. 11h-18h.

Clare V.

McNally Jackson

Librairie — 13 Plan H7

Voici l'une des meilleures librairies indépendantes de New York ! On y passerait des heures à feuilleter les ouvrages (dès $15) : design, graphisme, littérature américaine, voyages, livres sur le New York underground, littérature gay, etc. L'atmosphère reposante se retrouve dans le petit café tapissé de pages de bouquins, avec ses livres suspendus au plafond.

52 Prince St., entre Lafayette St. et Mulberry St. • M° Prince St. • ☎(212) 274 11 60 • mcnallyjackson.com • T.l.j. 10h-20h.

Posteritati

Affiches de cinéma — 14 Plan H7

Sonnez au Floor 4 du 239 Centre St. et prenez les escaliers comme si vous alliez chez un copain. Dans un appartement loft se cache Posteritati, une galerie qui vend des affiches de cinéma. Des gens passionnés et adorables vous aideront à trouver l'affiche qui manquait à votre salon, couloir ou chambre. Des ordinateurs avec moteur de recherche sont à votre disposition. Vous allez forcément trouver votre bonheur !

239 Centre St. (4e niveau) • M° Spring St. • ☎(212) 226 22 07 • posteritati.com • Lun. sur r.-v., mar.-sam. 11h-19h.

NEW YORK COSMOPOLITE

De Chinatown à Little Italy en passant par Lower East Side, le caractère multiculturel de New York se rappellera en permanence à vous. Certaines communautés continuent même parfois à cultiver l'entre-soi et à vivre dans des quartiers comparables à des ghettos.

Un tour du monde en quelques blocks

Traditionnellement, les immigrés russes vivent à Brooklyn, dans le quartier de **Brighton Beach** ; les Chinois ont installé leur **Chinatown** à Manhattan ou dans le quartier de **Flushing** (Queens) ; les Polonais, quant à eux, habitent **Greenpoint** (Brooklyn). Le vieux quartier de **Little Italy**, que les Italiens ont quitté depuis bien longtemps pour s'installer autour d'Arthur Avenue dans le **Bronx**, est grignoté par les Chinois, dont la population a quintuplé en 30 ans. Quant aux Hispaniques, très présents dans **Lower East Side**, ils se disputent le **Bronx** et **Harlem** avec les Afro-Américains. Aujourd'hui, le regroupement de chaque minorité s'opère souvent à l'échelle des pâtés de maisons.

Anciennes et nouvelles minorités

En 1945, neuf New-Yorkais sur dix étaient des Blancs. Les immigrés venaient presque exclusivement d'Europe. En 1965, lorsque les

Marché de Grand Street

quotas d'immigration furent supprimés, près de trois millions d'immigrants arrivèrent à New York : Jamaïcains, Dominicains, Mexicains, Coréens, Pakistanais, Indiens et Chinois. Aujourd'hui, la ville de New York est **plus métissée que jamais** : un habitant sur trois est né à l'étranger, et on y parlerait **170 langues différentes** ! Majoritaire, la population blanche, qui comprend notamment les descendants d'immigrés irlandais, juifs, italiens, grecs ou russes, augmente significativement, tandis que les communautés hispaniques et latino se classent en deuxième position, dépassant la population afro-américaine, en déclin depuis les années 2000.

L'empreinte de la communauté juive

Précédant Jérusalem ou Tel Aviv, New York est la **première ville juive du monde,** au point qu'à travers les États-Unis le mot « New Yorker » signifie souvent « juif ». Ainsi, vous trouverez de nombreux commerces d'alimentation casher. Dans les années 1950, beaucoup de juifs quittèrent leurs quartiers de Manhattan, comme Lower East Side, pour s'établir à Brooklyn et sur Long Island.

Confrontations

L'arrivée d'immigrants de **cultures très différentes** peut provoquer des confrontations, savoureuses ou brutales. Avec le recul, il apparaît que les brassages intercommunautaires ou les mariages mixtes sont rares. Les Portoricains trouvent que les Mexicains parlent mal l'espagnol (!), et ces derniers s'entendent bien avec les Grecs ou les Chinois, qui leur procurent des petits boulots. En bref, même si tous se sentent new-yorkais, chaque communauté ethnique revendique ses particularismes et maintient sa culture. ■

L'héritage juif de New York

Pour en savoir plus sur l'histoire de la communauté juive à New York, la plus grande après Israël, poussez la porte de deux institutions incontournables. Le Jewish Museum offre un large éventail de l'art juif (peintures, sculptures, tablettes cunéiformes et objets religieux rapportés, pour la plupart, des synagogues européennes avant la Seconde Guerre mondiale), tandis que le Museum of Jewish Heritage revisite l'histoire du peuple juif et de son implantation à New York.

Jewish Museum : *1109 5th Ave., angle E 92nd St. (plan B1) • (212) 423 32 00 • thejewishmuseum.org • Sam.-lun. 11h-18h, jeu.-ven. 11h-16h; fermé mer. (horaires à vérifier impérativement sur le site Internet avant votre visite) • Entrée : $18 (gratuit sam. et certaines fêtes juives).*

Museum of Jewish Heritage : *36 Battery Pl. (plan B6) • (646) 437 42 02 • mjhnyc.org • Mer. 10h-17h, jeu. 10h-20h, ven. 10h-15h, dim. 10h-17h; fermé sam., lun.-mar. • Entrée : $18.*

LOWER EAST SIDE 5

Lower East Side (« LES » pour les intimes) fut le quartier modeste où s'installèrent les premiers immigrants à la fin du XIXe s. (voir p. 29). Aujourd'hui, malgré un aspect toujours un peu sinistre par endroits, ce quartier très prisé par les jeunes créateurs et artistes en tout genre connaît un véritable essor économique. À la nuit tombée, les nombreux bars et restaurants branchés attirent les foules.

Lower East Side

① Lower East Side Tenement Museum✦✦✦

Dans un vieil édifice, plusieurs appartements, reconstitués tels qu'ils étaient entre 1880 et 1935, offrent un témoignage poignant des conditions de vie des immigrants arrivés à la fin du XIXe s. Entrez avec les Building Tours (12 pers. max.) dans l'intimité de familles juives allemandes (Hard Times Tour, Finding Home Tour), américaines et catholiques italiennes (Day In The Life Tours), irlandaises (Irish Outsiders Tour), portoricaines et chinoises (Under The Roof Tour). Le musée organise aussi des visites du quartier (15 pers. max.).

103 Orchard St., angle Delancey St. • ☎1(877) 975 37 86 • tenement.org • T.l.j. 10h-18h ; fermé 1er janv., Thanksgiving et 25 déc. • Visites guidées uniquement, t.l.j. 10h-17h • Résa fortement recommandée sur le site Internet ou ☎(877) 975 37 86 • Entrée : $30.

2 Orchard Street Bargain District✦✦

Dès leur arrivée, les immigrants juifs ont mis en place une véritable industrie du vêtement sur Orchard St. Ils confectionnaient eux-mêmes tissus et habits, puis les présentaient sur des charrettes afin de les vendre. Malgré l'arrivée des boutiques branchées, on trouve encore une poignée de petits commerçants vendant t-shirts, tissus ou articles en cuir à prix intéressants (attention, notez que certains sont fermés le samedi).

Orchard St., entre Stanton St. et Delancey St.

3 International Center of Photography✦✦

Fondé en 1974 par Cornell Capa (le frère de Robert), l'ICP est l'un des hauts lieux d'exposition de la ville. Le photojournalisme y est très présent, mais le centre propose aussi des expos thématiques ou

Eldridge Street Synagogue (p. 63)

Pause au marché : Essex Market

Ce petit marché couvert des années 1940 est un concentré du Lower East Side d'antan et d'aujourd'hui. S'il vient de déménager juste à côté de son emplacement originel, dans des locaux plus modernes, il n'en conserve pas moins tout le charme de ses débuts. Entre épiceries ethniques et stands culinaires, les jeunes branchés se mêlent aux communautés juives et latino-américaines pour *luncher* de *bento* japonais, tacos, burgers, *arancini* ou pâtisseries américaines.

26 ***88 Essex St., entre Broome St. et Delancey St. • essexmarket.nyc • Lun.-jeu. 8h-20h, ven.-sam. 8h-21h, dim. 10h-18h.***

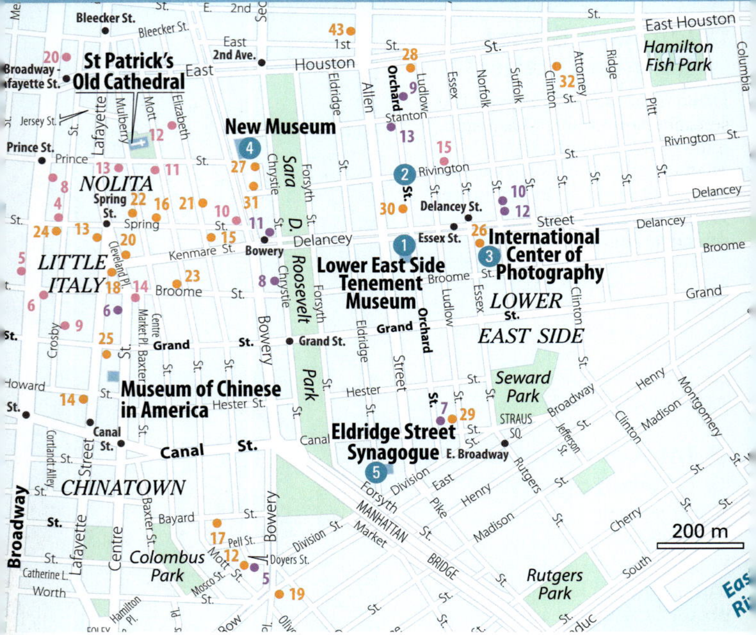

monographiques. Henri Cartier-Bresson, Weegee ou Man Ray y ont été exposés. Les expositions, dont certaines sont à découvrir avec un audioguide (inclus dans le tarif), sont bien ficelées et racontent de véritables histoires.

79 Essex St., entre Delancey St. et Broome St. • ☎(212) 857 00 48 • icp.org • Mer.-lun. 11h-19h (jeu. 21h); fermé 4 juil., Thanksgiving, Noël et j. de l'An • Entrée : $16.

4 New Museum✦✦

Inauguré en décembre 2007, ce musée d'art contemporain offre une programmation ambitieuse, puisqu'il se consacre surtout à des artistes méconnus du grand public. Le bâtiment, tout aussi original, avec son empilement de volumes blancs décalés, a été réalisé par les architectes japonais Sejima et Nishizawa. Il comprend trois galeries principales, un théâtre, un toit aménagé et un café.

235 Bowery St., angle Stanton St. • ☎(212) 219 12 22 • newmuseum.org • Mer. et ven.-dim. 12h-18h, jeu. 11h-21h • Visite guidée : voir site Internet • Entrée sur résa (en ligne) : $18 (don libre jeu. 19h-21h, minimum $2 suggéré).

5 Eldridge Street Synagogue✦✦

Dans le sud du Lower East Side se cache la première synagogue d'Amérique édifiée par des migrants juifs. Inaugurée en 1887 puis abandonnée dans les années 1920, elle a retrouvé toute sa splendeur après restauration. Elle accueille des concerts, des expositions et abrite un musée sur l'histoire de la communauté juive d'Europe de l'Est qui s'installa dans le quartier à la fin du XIXe s.

12 Eldridge St., entre Canal St. et Division St. • ☎(212) 219 03 02 • eldridgestreet.org • Lun.-jeu. 10h-17h, ven. 10h-15h, fermé j. f. et fêtes juives. • Entrée : $15 (don libre le lun.).

Restos Bistrots

Freemans

Américain 27 Plan I7

Freemans est un restaurant d'initiés. Caché au fond d'une petite allée, c'est un lieu un peu hors du temps où l'on se sent comme dans une maison de campagne. Prenez place au bar et contemplez le décor rustique peuplé d'animaux empaillés. On y mange très bien.

Freeman Alley • M° Bowery • ☎(212) 420 00 12 • freemansrestaurant.com • Dim.-lun. 11h-16h (brunch) et 18h-22h, mar.-sam 11h-16h (brunch) et 18h-23h • Plats env. $30.

Katz's Delicatessen

Delicatessen 28 Plan I7

Katz's est l'un des *delicatessen* les plus réputés de New York, autant pour son décor kitsch de vieille cantine que pour ses hot-dogs. Goûtez le célèbre sandwich au pastrami et, si vous êtes courageux, tentez un *egg cream*, mélange

Katz's Delicatessen

de soda et de lait au chocolat ou à la vanille, devenu célèbre grâce à Meg Ryan dans le film *Quand Harry rencontre Sally.*

205 E Houston St., angle Ludlow St. • M° 2nd Ave. ☎(212) 254 22 46 • katzs delicatessen.com • Lun.-ven. 8h-22h45, sam.-dim. 8h-23h • Sandwichs $17-$28.

Metrograph

Bistrot 29 Plan I8

Metrograph est une petite salle de cinéma indépendante avec une ambiance vintage, un air d'antan et beaucoup de cachet. Véritable ode au septième art, la salle comprend également un restaurant qui vous replongera dans un Hollywood aujourd'hui disparu. Vous y dégusterez une cuisine de bistrot simple et chic.

7 Ludlow St., entre Hester St. et Canal St. • M° East Broadway • ☎(212) 461 13 16 • nyc. metrograph.com/eat-drink • Lun.-mer. 11h-23h, jeu.-dim. 11h-2h (minuit cuisine) ; fermé jusqu'à nouvel ordre • Plats $15-$30.

Russ & Daughters Cafe

Delicatessen 30 Plan I7

Le célèbre *delicatessen* Russ & Daughters version *diner*. Les spécialités de la maison sont servies par des serveurs en veste blanche et cravate, dans une douce ambiance rétro. Pour déguster, sur fond de musique jazzy, un bagel nappé de *cream cheese* au saumon... ou s'enflammer pour quelques grammes de caviar !

Morgenstern's Finest Ice Cream

127 Orchard St., entre Delancey et Rivington St. • M° Delancey ou Essex St. • ☎(212) 475 48 80 • russanddaughterscafe. com • Lun.-ven. 9h-22h, sam.-dim. 8h-22h • Plats $8-$35.

Morgenstern's Finest Ice Cream

Glacier 31 Plan I7

Ce glacier bleu et blanc tout droit sorti des années 1950 a deux obsessions : le goût et la texture. Côté goût, la liste de parfums, aussi longue qu'un roman russe, est bourrée de surprises : mascarpone et noisettes salées, avocat, huile d'olive et chocolat à l'orange, citron et cardamome… Côté texture, les *toppings* font toute la différence : graines de sésame caramélisées, miettes de pretzels, *fudge*, noix de coco grillée… à savourer dans un cône ou en version XXL ($10-$20) dans de grandes coupes !

2 Rivington St. • M° Bowery • (212) 209 76 84 • morgensternsnyc.com • Dim.-jeu. 12h-23h, ven.-sam. 12h-minuit ; ***fermé jusqu'à nouvel ordre*** *• 1 boule $5,75, 2 boules $7,75, toppings $0,50.*

Clinton Street Baking Company

Boulangerie 32 Plan I7

Cette boulangerie-restaurant est réputée pour faire les meilleurs pancakes ($16) de tout New York ! Le petit déjeuner est un véritable régal : *French toast* (pain perdu $15), *eggs Benedict* ($18), biscuits au beurre, gâteaux. Allez-y tôt car le brunch est un must et il y a beaucoup de monde…

4 Clinton St., entre E Houston St. et Stanton St. • M° Delancey St. • (646) 602 62 63 • clintonstreetbaking.com • Dim.-mar. 9h-16h (brunch), mer.-sam. 9h-16h (brunch) et 17h30-22h.

Bars, clubs Sorties

Bar Belly

Bar cosy 7 Plan I8

Un bar à huîtres de l'Amérique des années 1950. On se croirait à l'intérieur d'une caravane métallique *(airstream)*. Il y a un piano, les cocktails sont délicieux, et vous pourrez commander des huîtres à partager !

14B Orchard St. • M° East Broadway • (917) 488 09 43 • barbellynyc.com • Lun.-mar. 17h-1h, mer.-jeu. 16h-2h, ven.-sam. 16h-3h, dim. 16h-1h; happy hour : sam.-dim. 16h-19h • Cocktails $15-$18.

Fig. 19

Speakeasy 8 Plan I7

À l'image des bars clandestins de la Prohibition, Fig. 19 s'est planqué dans un lieu inattendu, sinon secret. Passé l'œil expert du vigile sur le trottoir (interdit - 21 ans), il vous faudra traverser l'espace un rien glauque et blafard de la galerie d'art SFA Projects, avant de rejoindre l'antre chaleureuse de ce *speakeasy* moderne. Dans un décor de lustres rétro et de cabinet de curiosités, éclairé par des bougies, une clientèle jeune, arty et glam' y sirote des cocktails sophistiqués sur une bande-son étourdissante.

131 Chrystie St. • M° Bowery • figurenineteen.com • Mer.-sam. 18h-4h • DJ set et musique live • Cocktails $16-$18.

Mr. Purple

Rooftop 9 Plan I7

C'est le One WTC qu'on aperçoit depuis le dernier étage et à travers les larges baies vitrées de l'hôtel Indigo. Dernier-né dans la nébuleuse des endroits tendance, ce bar a été nommé en hommage à Adam Purple, activiste et écologiste excentrique à l'origine du « Garden of Eden ». Vous pourrez siroter un excellent cocktail au bar de cette véranda urbaine ou au bord de la piscine extérieure.

180 Orchard St., entre Houston St. et Stanton St. • M° 2nd Ave. • (212) 237 17 90 • mrpurplenyc.com • Lun.-mer. 16h-2h, jeu.-ven. 16h-4h, sam. 14h-4h, dim. 14h-2h • Cocktail $17.

Nurse Bettie

Bar burlesque — 10 Plan I7

En hommage à l'icône Bettie Page, ce petit bar propose des shows burlesques de pin-up, gratuits, les mercredis et les jeudis à partir de 21h. On s'abandonne à un cocktail *The Nurse Who Loved Me* (vodka au thé vert à la menthe, jus de citron, club soda) lors des happy hours, lorsque les cocktails sont à $5 (t.l.j. 18h-22h).

106 Norfolk St., entre Delancey St. et Rivington St. • M° Delancey St. • (212) 477 75 17 • nursebettie.com • T.l.j. 18h-4h.

The Bowery Ballroom

Concerts — 11 Plan I7

Sans doute l'une des meilleures salles pour écouter des groupes indépendants, souvent prometteurs, de grands groupes de folk, de rock ou même de funk. Le lieu est magnifique, l'acoustique irréprochable, et le bar lounge du sous-sol permet de se relaxer agréablement après le concert.

6 Delancey St., entre Bowery St. et Chrystie St. • M° Bowery • (212) 533 21 11 • mercuryeastpresents.com/boweryballroom • Concerts t.l.j. à partir de 19h • Entrée $15-$70.

Back Room

Speakeasy — 12 Plan I7

Un authentique *speakeasy* des années 1920. Pour trouver l'entrée secrète, cherchez le panneau *« THE LOWER EAST SIDE TOY COMPANY »*, passez le portail et descendez dans l'allée. L'entrée est un peu plus loin sur votre droite après avoir monté quelques marches. Les boissons sont encore servies dans des tasses à thé et les bouteilles dans des sacs en kraft pour mieux vous plonger dans l'ambiance de la Prohibition !

102 Norfolk St. • M° Essex St. • (212) 228 50 98 • backroomnyc.com • Dim.-jeu. 18h-2h, ven.-sam. 18h-4h • Cocktails $14.

Infos Covid-19

Compte tenu du contexte sanitaire, de nombreuses adresses sont amenées à restreindre leur ouverture et à s'adapter à la situation. Nous vous recommandons de vérifier leurs horaires sur leur site Internet ou leur page Facebook.

Slipper Room

Cabaret 13 Plan I7

Tentez votre chance au Slipper Room, un cabaret intimiste et ouvert (pas de *dress code*) qui propose des spectacles néoburlesques.

167 Orchard St., entrée par Stanton St. • M° 2nd Ave. • ☎(212) 253 72 46 • slipperroom.com • Horaires des shows à vérifier sur le site • Entrée $10-$30.

Hôtels B&B

Off SoHo Suites Hotel

Avec cuisine Plan I7

Récemment rénovées, ces suites simples et spacieuses sont dotées d'une kitchenette et d'un salon. Une salle de fitness est également accessible dans l'hôtel.

11 Rivington St., entre Bowery St. et Chrystie St. (plan I7) • M° Bowery • ☎(212) 979 98 15 • offsoho.com • Suite $159-$359, suite deluxe pour 4 $249-$519 • Pas de petit déj.

Shopping Cadeaux

Economy Candy

Confiserie 15 Plan I7

Pour retomber en enfance, rien de tel qu'un petit tour à Economy Candy. Cette boutique est le temple du bonbon, et ce depuis 1937 ! Vous y trouverez des confiseries par centaines, venues du monde entier et empilées sur des étagères qui grimpent jusqu'au plafond. Certains bonbons s'achètent au poids, il suffit alors de remplir les sachets prévus à cet effet et de les peser. Une vraie Madeleine de Proust…

108 Rivington St., entre Ludlow St. et Essex St. • M° Delancey St. ou Essex St. • ☎(212) 254 15 31 • economycandy.com • Ven.-mar. 12h-17h • $3,99-$12,95 la livre.

Economy Candy

EAST VILLAGE
ET NOHO

6

Refuge de la *Beat Generation* et des hippies, berceau du punk, terrain de jeu de Keith Haring ainsi que de Basquiat, et théâtre de contestations, East Village incarne la contre-culture new-yorkaise. De l'excentrique Saint Mark's Place à la cosmopolite Alphabet City se succèdent échoppes de créateurs, jardins communautaires, bouis-bouis miteux, bars branchés, théâtres expérimentaux et restos ethniques comme ceux de Little Tokyo, Little Ukrainia et Little India. À l'ouest de Bowery, NoHo (North of Houston) a des airs de mini-SoHo.

Community Garden

1 Merchant's House Museum✦✦

Intacte, cette élégante demeure de style fédéral, construite en 1832, appartenait au riche commerçant Seabury Tredwell. L'architecture intérieure néogrecque, le mobilier américain d'origine, les affaires personnelles et les costumes d'époque nous plongent dans la vie quotidienne d'une famille de l'*upper middle class* au XIXe s.

29 E 4th St., entre Lafayette St. et Bowery St. • ☏(212) 777 10 89 • merchantshouse.org • dim.-lun. et jeu.-sam. 12h-17h • Visite guidée : se renseigner en ligne; fermé certains j. f., se renseigner • Entrée : $15.

2 Community Gardens✦

Les *community gardens* sont des petits jardins occupés et gérés par les habitants du quartier opposés à la construction de nouveaux immeubles. Entre 1st Ave. et Ave. D, l'East Village en est constellé. Tentez le 6th St.

East 10th Steet

et Ave. B Community Garden, chaos de fleurs et de plantes potagères (concerts, expos pendant l'été), ou le 9th St. Community Garden and Park (angle Ave. C) avec son jardin japonais.

3 Tompkins Square Park✦

Centre de rassemblement de la communauté hippie menée par le mouvement Hare Krishna dans les années 1960, Tompkins Square est devenu, dans les années 1980, le point de repère des trafics de drogue. Aujourd'hui, ce parc est un espace vert apprécié des habitants du quartier, et par les propriétaires de chiens, qui profitent du plus vieux *dog run* de la ville, seul endroit où leurs bêtes peuvent s'amuser et courir sans être tenues en laisse !

Entre Ave. A et Ave. B et entre E 7th St. et E 10th St.

Pause hot-dogs : Crif Dogs

Rendez-vous dans le sous-sol un brin destroy de Crif Dogs, temple du hot-dog ! Au porc ou au bœuf fumé, enroulé de bacon, recouvert de sauce chili ou de fromage fondu, accompagné d'avocat et de crème aigre ou d'ananas et d'oignons verts, tout est possible !

33 ***113 St Marks Pl. • ☎(212) 614 27 28 • crifdogs.com • Mer.-dim. 17h-23h • Hot-dogs $6-$9.***

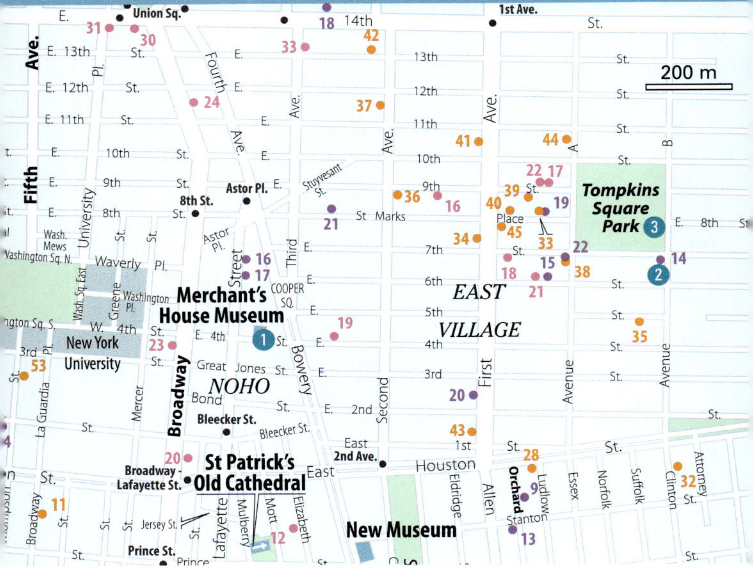

Restos | Bars | Hôtels | Shopping | Activités

Restos Bistrots

Oiji

Coréen 34 Plan I6

Vous pouvez difficilement vous tromper dans ce restaurant branché d'East Village : tout est succulent ! Les plats traditionnels tels que le *pork belly* ou le *jang-jo-rim* sont revisités avec brio. Mais la vraie surprise se trouve dans les desserts : des chips au beurre et au miel, une collation qui fait fureur en Corée du Sud, qui accompagnent une boule de glace. Goûtez, c'est terriblement addictif !

119 1st Ave. • M° Astor Place • ✆(646) 767 90 50 • oijinyc.com • Mer.-jeu. 18h-22h, ven.-dim. 17h-22h • Honey butter chips $16.

Tuome

Américano-asiatique 35 Plan I6

Ce discret restaurant fait partie de nos adresses préférées. Ambiance tamisée et serveurs aux petits soins. Une cuisine américaine avec un twist asiatique et beaucoup de créativité. Leur spécialité est le *Pig Out*, soit dix bouchées de porc grillées à partager sur une ardoise. C'est ludique, parfaitement exécuté et absolument délicieux. À goûter !

536 E 5th St. • M° 2nd Ave. • (646) 833 78 11 • tuomenyc.com • Mar.-jeu. 18h-21h, ven.-sam. 17h-21h30 •* Pig Out *pour 2 $59.

Veselka

Ukrainien 36 Plan I6

Ouvert depuis 1954, ce restaurant ukrainien est une institution new-yorkaise. Veselka est apparu de nombreuses fois à l'écran, et récemment dans une scène d'*Oceans 8*, où l'on voit Debbie (Sandra Bullock) et Lou (Cate Blanchett) partager d'appétissantes assiettes. À goûter absolument : les *pierogi*, très goûteux, et les *blintzes*, sortes de crêpes fourrées au fromage. Bonne nouvelle pour les fêtards : le restaurant est ouvert 24h/24.

144 2nd Ave., angle 9th St. • M° Astor Place • (212) 228 96 82 • veselka.com • T.l.j. 24h/24 • Plats $11-$20.

Mimi Cheng's Dumplings

Dim sum 37 Plan I6

Ce comptoir à *dim sum* propose de petites bouchées extrême-orientales divines, sur place ou à emporter. Au menu, vous trouverez quelques classiques et, tous les mois, une spécialité différente. Une adresse très agréable.

179 2nd Ave. • M° 1st Ave. • (646) 360 23 76 • mimichengs.com • T.l.j. 12h-20h30 • 8 dumplings $13.

Avant Garden

Vegan 38 Plan I6

Dans ce restaurant vegan, le chef s'amuse à tromper et surprendre

Veselka

les palais. Essayez le *Celery Root* en entrée (velouté de shiitaké, *gremolata* de champignons) et l'*Avocado*, avec son dressage de carottes, gingembre, riz croquant, glaçage miso et piment shishito. Tout est excellent et on oublie qu'il n'y a pas de viande au menu.

130 E 7th St. • M° 2nd Ave. • (646) 922 79 48 • avantgardennyc.com • Mar.-dim. 17h-23h • Plats $16-$26.

Superiority Burger

Burgers 39 Plan I6

Végétarien amateur de burgers? Ce fast-food de poche est fait pour vous! Son menu est aussi modeste qu'original, à commencer par son burger star, le Superiority Burger : un pavé de légumes au munster (la version américaine du munster alsacien apporté par les immigrés allemands au XIXe s.), accompagné de salade, de tomate et de *pickle*, servi dans un pain brioché, qui vaudrait à lui seul le voyage à New York... Et plutôt que des frites, des oignons frits, des feuilles de tofu grillées, et une salade de brocoli, aubergine, coriandre et piment. Sans oublier l'autre spécialité maison, des glaces et sorbets.

430 E 9th St. • M° 1st Ave. • (212) 256 11 92 • superiorityburger.com • Mer.-ven. 17h-21h, sam. 13h-19h, dim. 12h-15h • Burgers $8-$13; glaces $7.

Café Mogador

Marocain 40 Plan I6

Dans une ambiance festive, vous vous régalerez d'une cuisine marocaine au rapport qualité/prix imbattable! Couscous, tajines, viandes grillées, assiettes composées, etc. Sans oublier, en entrée, l'excellent *babaganoush* (caviar d'aubergines).

101 St Marks Place, entre 1st Ave. et Ave. A • M° Astor Place ou 1st Ave. • (212) 677 22 26 • cafemogador.com • Lun.-jeu. 10h30-22h, ven. 10h30-23h, sam. 10h-23h, dim. 10h-22h30 • Plats $17,50-$26, kebab $14, brunch $15.

Momofuku Noodle Bar

Asiatique 41 Plan I6

La cuisine asiatique revue et corrigée par le chef David Chang attire des hordes de *foodies* dans ce *noodle bar* branché. On s'y régale de succulents petits buns au porc et de grands bols de *ramen*, les fameuses soupes de nouilles japonaises au porc, au poulet ou à la saucisse du Sichuan, le tout en style cantine.

171 1st Ave., entre 10th et 11th St. • M° 1st Ave. ou Astor Place • (212) 777 77 73 • momofukunoodlebar.com • T.l.j. 12h-16h30 (16h sam.-dim.) et 17h30-23h (minuit ven.-sam.) • Plats $13-$20.

Momofuku Milk Bar

Gâteaux 42 Plan I6

Tester la pause sucrée de la cheffe Christina Tosi est une expérience gustative. Tentez le *compost cookie,* composé de chips, bretzels, café, avoine, caramels et pépites de chocolat ($2,75), ou optez pour un milk-shake ($9).

7B Horseshoe Bar aka Vazaks (p. 74)

251 E 13th St., angle 2nd Ave. • M° 3rd Ave. ou Union Square • (646) 692 41 54 • milkbarstore.com • T.l.j. 14h-22h.

Divya's Kitchen

Végétarien (ayurvédique)

43 Plan I7

Divya's Kitchen est un espace épuré vêtu de blanc, d'écru et de bois brut… À sa tête, la très souriante chef star Divya Alter, formée en Inde aux principes anciens du Shaka Vansiya Ayurveda, une cuisine aux aliments naturels apportant santé et longévité. Dans l'assiette, cela donne une explosion de couleurs et de saveurs originales, à l'image du curry de légumes sauce noix de cajou et du *khichari* (dal de riz, lentilles et quinoa) aux courgettes et chutney de menthe. L'une de nos plus belles expériences gastronomiques à New York.

25 1st Ave. • M° 2nd Ave • (212) 477 48 34 • divyaskitchen.com • T.l.j. 12h-22h (brunch sam.-dim. 12h30-17h) • Plats $14-$24 Pas d'alcool.

Tompkins Square Bagels

Bagels

44 Plan I6

Si l'art culinaire du bagel se limite pour vous au *cream cheese*-saumon, ce *bagel shop* vous ouvrira tout un monde de possibilités. Ici, le bagel est décliné aux graines de sésame ou de pavot, à la farine de seigle ou de blé ; choisissez ensuite votre « *schmear* », la crème de fromage, au cheddar pimenté, au concombre, au Wasabi ou aux tomates séchées ; puis votre saumon (lox ou gravlax), avant de trouver un coin de table ou un banc sur Tompkins Square pour un pur moment de bonheur.

165 Ave. A • M° 1st Ave. • (646) 351 65 20 • tompkinssquarebagels.com • Lun.-ven. 7h-19h, sam.-dim. 7h-17h • Bagels $3,95-$14.

The Wild Son

Bistrot 45 Plan I6

Un petit bar-resto hyper cosy à l'ambiance un peu bohème. Posez-vous à table pour d'excellents pancakes ($14) servis avec des fruits rouges ou une omelette finement exécutée ($14). On y déjeune aussi de bons sandwichs briochés ($12-$14) et, pour le dîner, on a le choix entre des petits plats bien troussés : tartare de thon ($14), poisson grillé aux épices ($18), escalope de poulet à la milanaise ($24)...

The Public Theater

132 1st Ave., entre 7th St. et St Marks Place • M° 1st Ave. • (212) 727 79 00 • thewildsonnyc.com • Mar.-jeu. 16h-minuit, ven.-sam. 11h-2h, dim. 11h-18h • Plats en journée : $12-15; soir : $16-$36.

Bars, clubs Sorties

7B Horseshoe Bar Aka Vazacs

Bar 14 Plan I6

Nostalgique du Tompkins Square des années 1980 version punk-grunge et émeutes légendaires ? Poussez la porte rouge du 7B et prenez place autour de son mythique bar en fer à cheval... assez grand pour aligner 30 bières à la pompe ! Ni les néons flashys, ni la musique, ni même la clientèle n'ont guère changé, faisant de ce lieu une authentique tanière d'habitués. Le cinéma ne s'y est pas trompé, de *Godfather II* à la géniale série *Russian Dolls*. L'occasion de goûter le très new-yorkais Long Island Iced Tea (vodka, tequila, gin, rhum, triple sec et cola) pour vraiment entrer dans l'histoire !

108 Ave. B • M° 1st Ave. • (212) 677 67 42 • Facebook : 7B Horseshoe Bar aka Vazacs • T.l.j. 12h-4h • Cocktails $12-$16, bières $5-$7.

Amor y Amargo

Bar 15 Plan I6

Ce petit bar confidentiel d'East Village est le paradis du *bitter*, une liqueur apéritive fabriquée à partir de l'infusion de plantes amères. La rumeur dit qu'Amor y Amargo sert les meilleurs Negroni de la ville... Rien que ça. C'est une solide référence dans le milieu des artistes du shaker. Une chose est sûre : tous les cocktails sont faits avec de l'*amargo (bitter)* mais surtout avec beaucoup d'*amor*. On adore la collection de fioles qui décore le bar.

443 E 5th St. • M° 2nd Ave. • amoryamargony.com • (212) 614 68 18 • Mer.-dim. 17h-minuit • Cocktails $17.

The Public Theater

Théâtre 16 Plan H6

Vitrine des nouveaux auteurs et acteurs américains, le plus grand théâtre *Off-Broadway* (cinq salles) programme aussi bien des pièces sociales et politiques que des comédies musicales, et le festival Shakespeare in the Park (voir p. 211).

425 Lafayette St., entre Astor Place et E 4th St. • M° Astor Place ou 8th St. • (212) 967 75 55 • publictheater.org • Entrée $25-$90.

Joe's Pub

Salle de spectacles 17 Plan H6

Un lieu unique et très convivial, à la fois restaurant et salle de spectacles. Sa programmation alterne théâtre, poésie et musique. Les concerts vous permettent de découvrir la scène locale, mais aussi des artistes connus, dans une ambiance plus intime qu'ailleurs. C'est ici que des chanteuses comme Norah Jones ou Alicia Keys ont fait leurs premières apparitions publiques.

425 Lafayette St., entre Astor Place et 4th St. • M° Astor Place ou 8th St. • Box office : (212) 967 75 55 • publictheater.org/programs/joes-pub/ • T.l.j. 18h-23h (1h30 ven.-sam.) • Entrée $12-$30 (+ 2 boissons ou $12 de nourriture minimum).

Beauty Bar

Bar rétro 18 Plan H-I6

Un ancien salon de coiffure, comme en témoigne l'enseigne. Le décor des années 1980 est d'origine : vous prendrez un délicieux cocktail assis sous un énorme casque sèche-cheveux, tout en écoutant des morceaux de pop rétro. Pendant l'happy hour Martinis and Manicures, on a droit à une boisson et une manucure pour $10 (lun.-ven. 18h-23h, sam.-dim. 15h-23h)... À partir de 22h, un DJ s'installe aux platines, ça décoiffe !

231 E 14th St., entre 3rd et 2nd Ave. • M° 14th St.-Union Square ou 3rd Ave. • (212) 539 13 89 • thebeautybar.com • Lun.-ven. 17h-4h, sam.-dim. 14h-4h.

PDT

Speakeasy 19 Plan I6

Rien que pour le plaisir de débusquer ce bar faussement clandestin, comme au temps de la Prohibition, allez-y ! Entrez dans le fast-food Crif Dogs, situé en *basement*, trouvez la cabine téléphonique, décrochez le combiné et on vous ouvrira la porte comme par magie. PDT, pour *Please Don't Tell,* n'est plus un secret pour personne, mais ses cocktails inventifs sont toujours aussi prisés. Il est plus prudent de réserver.

113 St Mark's Place (entrée par Crif Dogs), entre 1st Ave. et Ave. A • M° 1st Ave. • ☏(646) 922 85 22 • pdtnyc.com • Mer.-dim. 17h-2h • Cocktails $17.

D.B.A.

Bar 20 Plan I7

Sûrement un des bars les plus emblématiques et animés d'East Village. Surpeuplé les vendredis et samedis soir, il propose pas moins de 105 variétés de bières, 50 whiskys et 40 tequilas ! À l'arrière, un agréable jardin permet de boire son verre au soleil ou à la fraîche, selon l'heure…

41 1st Ave., entre 3rd et 2nd St. • M° 2nd Ave. • ☏(212) 475 50 97 • T.l.j. 12h-4h • Bières pression à partir de $7.

Sing Sing Karaoke

Karaoké 21 Plan H-I6

Les New-Yorkais de tous poils viennent pousser la chansonnette au Sing Sing (référence à la célèbre prison new-yorkaise). Vous pourrez chanter dans le bar, devant un public, ou profiter entre amis d'une cabine privée où l'on viendra vous servir cocktails à base de vodka coréenne, sakés ou pichets de bière japonaise. Plus de 120 000 chansons disponibles.

9 St Mark's Place, entre 3rd et 2nd Ave. • M° Astor Place ou 8th St. • ☏(212) 387 78 00 • karaokesingsing.com • Dim.-jeu. 17h-4h, ven.-sam. 17h-5h • $9 (+ taxe) de l'heure/pers. (minimum 3 pers.).

Miss Lily's 7A

Rhumerie, cocktails 22 Plan I6

On repère Miss Lily's à ses couleurs flashy qui rappellent les anciennes *bodegas* (épiceries de nuit) d'East Village. Postée en angle sur Tompkins Square, cette rhumerie-resto caribéenne offre le décor typique d'un *diner* de Kingston. On y vient dès le début de soirée pour ses punchs et mojitos, ou pour ses rhums anciens de la Barbade ou de Martinique à siroter jusqu'au bout de la nuit, dans une ambiance électrisée par les airs de salsa cubana.

109 Ave. A • M° Astor Place • ☏(212) 812 14 82 • misslilys.com • Dim. 12h-23h, lun.-jeu. 16h-23h, ven. 16h-minuit, sam. 12h-minuit (brunch sam.-dim. midi) • Cocktails $12-$18, rhum $7.

Shopping Cadeaux

Cloak & Dagger

Mode femme 16 Plan I6

Un joli magasin haut en couleur : papier peint ananas, enseigne lumineuse rose vif et objets de déco originaux ! Une sélection pointue de marques américaines et internationales, sans oublier leur propre label. C'est le passage obligé pour toute *fashionista*. Vous y trouverez des designers à tomber comme Sugarhigh, Lovestoned, Karen Walker, Rollas ou Stoned Immaculate.

334 E 9th St. • M° Astor Place • (212) 673 05 00 • cloakand daggernyc.com • Lun.-ven. 12h-20h, sam. 11h-20h, dim. 11h-19h.

Pink Olive

Décoration 17 Plan I6

Cette boutique est une véritable malle aux trésors : méli-mélo de petites merveilles, bougies, carnets, déco murale (cadres, imprimés, peintures), bijoux, cartes... et futilités en tout genre. Un magasin de jouets pour les grands enfants que nous sommes. Et on avoue qu'il est difficile de sortir de Pink Olive sans avoir acheté quelque chose !

439 E 9th St. • M° Astor Place • (212) 780 00 36 • pinkolive.com • Lun.-ven. 12h-19h, sam. 11h-19h, dim. 11h-18h.

Trash & Vaudeville

Accessoires 18 Plan I6

Ce magasin atypique, tenu par des vendeurs percés et tatoués, propose vêtements (t-shirts env. $25), gadgets et accessoires tendance punk/gothique/années 1980, mais pas à n'importe quel prix ! Autrefois épicentre de la contre-culture et des artistes en marge, les alentours changent, mais Trash & Vaudeville nous replonge dans ces années-là, quand Joey Ramone ou Debbie Harry venaient s'y habiller.

96 E 7th St. • M° 2nd Ave. • (212) 982 35 90 • trashandvaudeville.com • Lun.-jeu. 12h-20h, ven.-sam. 12h-20h30, dim. 13h-19h.

Pink Olive

Pageant Print Shop

Lithographies 19 Plan H-I6

Fondé en 1946, c'est l'un des magasins les plus réputés en matière de cartes et lithographies d'époque. Tous les documents sont originaux. Une véritable mine d'or pour ceux qui s'intéressent à l'histoire de la ville, et une bonne façon de découvrir l'évolution d'un quartier ! Un grand choix d'anciennes lithos sur des thèmes variés.

69 E 4th St., entre Bowery et 2nd Ave. • M° Bleecker St. • (212) 674 52 96 • pageantprintshop.nyc • Mar.-dim. 12h-19h • À partir de $1-$5.

Urban Outfitters

Concept store 20 Plan H7

La célèbre chaîne américaine vous enchantera grâce à ses vêtements hipsters et ses gadgets pour la maison. Vous trouverez aussi bien de quoi décorer votre cuisine que des lampes design et originales, des tourne-disques et vinyles en tout genre, du linge de maison, des meubles et des objets ultra-fun. Adeptes du vintage, cette boutique est faite pour vous !

628 Broadway, entre Bleecker St. et Houston St. • M° Bleecker St. ou Broadway-Lafayette St. • (646) 475 00 09 • urbanoutfitters.com • T.l.j. 11h-20h.

A-One Record Shop

Musique 21 Plan I6

Une petite boutique bien connue des fans de vinyles ! Pas étonnant, il n'y a que ça : tous les styles et toutes les époques sont présents. Ne cherchez pas, vous ne trouverez aucun CD. Dans le fond du magasin, un vendeur reste près de ses platines afin d'offrir une ambiance *groovy* à ses clients.

439 E 6th St., entre 1st Ave. et Ave. A • M° Lower East Side-2nd Ave. • (212) 473 28 70 • T.l.j. 12h-20h • Entre $10 et $20 le vinyle (jusqu'à $200 pour une rareté).

Mister Throwback

Mode homme 22 Plan I6

Une boutique qui porte bien son nom puisqu'elle vend des maillots d'équipes sportives américaines datant des années 1980 et 1990. C'est l'endroit parfait pour dégotter un vieux maillot de Michael Jordan chez les Bulls (numéro 45) ou une casquette des Knicks sortie avant le nouveau millénaire. On peut également y dénicher quelques objets vintage, des baskets et des jeux vidéo rétros. Pour les nostalgiques !

437 E. 9th St., entre Ave. A et 1st Ave. • M° 1st Ave. • (917) 261 78 34 • mrthrowback.com • Mer.-sam. 12h-20h, dim. 12h-18h.

MANGER SANS SE RUINER

Il est possible de manger sans trop dépenser à New York. Nombreux sont les *food trucks,* petites boulangeries et brasseries proposant de la *street food* ou des en-cas délicieux. Les cuisines du monde entier sont représentées : de la pizza new-yorkaise aux *empanadas,* le choix est illimité.

Crif Dogs

Tout New York dans un pain brioché, une saucisse et du fromage fondant…

Voir p. 59, quartier 6, East Village et NoHo.

Tompkins Square Bagels

À tester pour ses bagels aux graines de pavot garnis de lox, un épatant saumon en saumure.

Voir p. 73, quartier 6, East Village et NoHo.

Industry City Food Hall

Mangia

Une cafèt' moderne au buffet garni de sandwichs, pizzas, salades et plats chauds savoureux.

Voir p. 121, quartier 11, De Times Square à Fifth Avenue.

Empanada Mama

Dans une ambiance festive, on se régale de chaussons farcis originaires d'Amérique du Sud.

Voir p. 146, quartier 13, Upper West Side et Central Park.

The Meatball Shop

La *meatball* à l'italienne, goûteuse et peu onéreuse, a de beaux jours devant elle !

Voir p. 146, quartier 13, Upper West Side et Central Park.

Industry City Food Hall

La destination gourmet de Brooklyn avec pas moins de 30 restos de spécialités culinaires du monde entier.

Voir p. 175, quartier 17, De Park Slope à Coney Island.

GREENWICH VILLAGE ET WEST VILLAGE 7

Certes, le Village n'a plus rien d'anticonformiste, mais c'est l'un des quartiers les plus charmants de Manhattan, avec son architecture désordonnée. Au fil des allées étroites et arborées, des boutiques insolites et des cafés à l'ancienne, on songe aux Pollock, Burroughs, Kerouac et Dylan qui l'ont habité. Truffé de restaurants, théâtres d'avant-garde, bars et clubs de jazz, il abandonne le soir venu son ambiance bohème, pour laisser place à une vie nocturne trépidante.

Greenwich Village

1 Washington Square Park✦✦

C'est ici, cœur intellectuel et artistique du Village, que se retrouvent les personnages les plus insolites : danseurs de rue, joueurs d'échecs, bateleurs ou poètes. Cédé par les Hollandais aux esclaves affranchis, le terrain a ensuite servi pour les parades militaires. Un arc de triomphe rappelle aujourd'hui le premier centenaire de la présidence de George Washington (1889). Autour s'élève **l'université de New York,** fondée en 1831.

2 Grove Street et ses alentours✦✦

Dans cette charmante rue bordée d'arbres, loin des grandes avenues bruyantes de la City, de jolies maisons en bois datant du XIXe s. s'alignent les unes à côté des autres. L'angle avec Bedford St. est connu sous le nom de Twin Peaks, du fait de sa double toiture. Toujours sur

Washington Square Park

Grove St., entre Bedford St. et Hudson St., une magnifique et minuscule allée pavée nommée Grove Court. Autre curiosité à découvrir, la plus petite maison de New York, située au 75 1/2 Bedford St. (angle Commerce St.), dans laquelle plusieurs célébrités auraient vécu, dont Cary Grant.

3 Sheridan Square✦

George Segal a érigé ici, face au général nordiste Philip Sheridan, deux statues de couples homosexuels (hommes et femmes), en l'honneur du *Gay Rights Movement*. Depuis l'émeute de 1969, le West Village

Pause cinéphile : Caffe Reggio

L'endroit attire les touristes (des scènes du *Parrain* et des *Sopranos* y ont été tournées), mais ce café italien est toujours prisé des habitants et des étudiants du quartier. Le décor, en boiseries et copies de tableaux de maîtres italiens, ne semble pas avoir bougé depuis son ouverture, en 1927. C'est ici que fut servi le premier cappuccino des États-Unis, et depuis, la tradition perdure…

46 *119 MacDougal St., entre W 3rd St. et Minetta Lane • ☎(212) 475 95 57 • caffereggio.com • Dim.-jeu. 9h-3h, ven.-sam. 9h-4h30 • Cappuccino $3,75.*

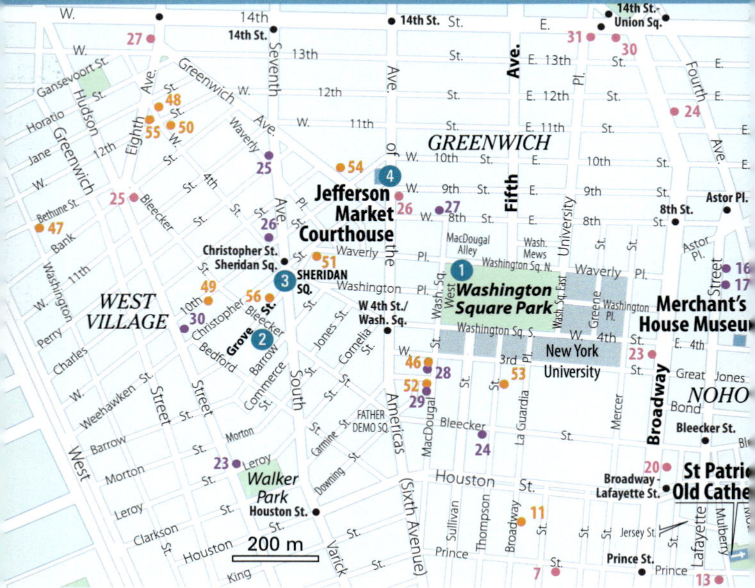

demeure l'un des fiefs de la communauté homosexuelle, et une *Pride March* y est organisée tous les ans, au mois de juin, pour la reconnaissance de leurs droits (voir p. 212).

4 Jefferson Market Courthouse⁺⁺

À sa construction, en 1877, ce palais de justice néogothique victorien fut désigné comme l'un des 10 plus beaux édifices des États-Unis. Il était assorti d'une prison pour femmes, et l'actrice Mae West y fut jugée en 1927 pour atteinte à la pudeur. Bibliothèque depuis 1967, « Old Jeff » et sa jolie tour à horloge a vu défiler nombre d'écrivains et de poètes. Un symbole du Village !

425 Ave. of the Americas, angle 10th St. • ✆(212) 243 43 34 • nypl.org/locations/jefferson-market • Lun.-jeu. 13h-20h, ven. 13h-18h, sam. 10h-17h, dim. 13h-17h ; fermé certains j. f., se renseigner • Accès libre.

Plutôt *Friends* ou *Sex and the City*?

Deux des séries cultes des années 1990 se déroulent à New York. Si vous êtes fan de *Friends* et de *Sex and the City* et que vous souhaitez voir et prendre une photo devant les buildings de Monica et Rachel ou de Carrie Bradshaw, suivez le guide ! L'immeuble de la série *Friends*, où habitaient Monica, Rachel, Chandler et Joey, est situé au 90 Bedford St., à l'angle avec Grove St. L'immeuble dans lequel habitait l'héroïne de la série *Sex and the City* se trouve dans le West Village (et non pas dans l'Upper East Side comme le prétend la série). Rendez-vous au 66 Perry St. pour découvrir la jolie *brownstone* de Carrie Bradshaw avec ses marches et son perron.

Restos | Bars | Hôtels | Shopping | Activités

Restos Bistrots

Malaparte

Italien 47 Plan G6

Malaparte est la définition même du restaurant de quartier : niché au cœur du West Village, il offre une ambiance chaleureuse, un cadre rustique et une délicieuse cuisine italienne. Partout, en cuisine comme en salle, on entend parler italien, ce qu'on prend évidemment pour un gage d'authenticité ! Les plats de pâtes (champignons, pesto, ricotta et épinards, etc.) sont généreux et pleins de saveurs. Quant aux carbonaras, *mamma mia*, elles nous transportent en Italie sans escale !

753 Washington St., angle Bethune St. • M° 14th St.-8th Ave. • (212) 255 21 22 • malapartenyc.com • Lun.-ven. 17h30-23h, sam.-dim. 12h-16h (brunch) et 17h30-23h • Pâtes $17-$21.

Corner Bistro

Burgers 48 Plan G6

L'adresse est légendaire pour ses hamburgers, qui comptent parmi les meilleurs de New York ! L'endroit est minuscule, et vous serez servi dans des assiettes en carton. Une véritable expérience new-yorkaise incontournable dans ce *bohemian bar*.

331 W 4th St., angle Jane St. • M° 14th St.-8th Ave. • (212) 242 95 02 • cornerbistrony.com • Dim.-mer. 10h-1h, jeu.-sam. 10h-4h • Burgers $10,75-$16,75.

L'Artusi

Italien 49 Plan G6

Depuis son ouverture en 2008, L'Artusi ne désemplit pas. La recette du succès ? Une cuisine italienne créative et raffinée, un décor moderne avec une grande cuisine ouverte, et une atmosphère conviviale. Dîner à L'Artusi est une belle expérience, particulièrement au bar. Mention spéciale pour leur superbe carte de vins italiens.

228 W 10th St., entre Hudson St. et Bleecker St. • M° Christopher St. • ☎(212) 255 57 57 • lartusi.com • T.l.j. 12h-minuit • Plats $21-$32.

Café Cluny

Américain 50 Plan G6

C'est l'une des institutions du quartier. Ce café offre une cuisine américaine simple et efficace dans un décor chaleureux. Réputé pour son brunch, son déjeuner et son dîner, c'est un des restaurants où l'on aime venir se réfugier et où l'on se sent un peu comme à la maison.

284 W 12th St., angle W. 4th St. • M° 14th St.-8th Ave. • ☎(212) 255 69 00 • cafecluny.com • Lun.-ven. 11h-minuit, sam.-dim. 10h-minuit • Breakfast Club Sandwich $21.

Joseph Leonard

Américain 51 Plan G6

Ce restaurant très cosy propose des spécialités américaines simples et bonnes. Quelques plats sont d'inspiration française, comme le croque-madame aux champignons et le saucisson à l'ail. Le menu fait aussi la part belle aux légumes et aux options végétariennes. Avec ses livres anciens et son mobilier patiné, le décor n'est pas sans rappeler un magasin d'antiquité.

Joseph Leonard

170 Waverly Place, angle Grove St. • M° Christopher St. • ☎(646) 429 83 83 • josephleonard.com • Lun. 19h-22h, jeu.-ven. 9h-minuit, sam. 11h30-minuit, dim. 11h30-22h • Plats $15-$35.

Minetta Tavern

Brasserie 52 Plan H7

Ouverte en 1932, la brasserie mythique de Greenwich Village, un brin huppée, a vu défiler une pléiade d'écrivains et de poètes, dont Ernest Hemingway et Dylan Thomas. Plafond en fer gaufré, banquettes en moleskine, fresques, caricatures et vieilles photos pour le décor ; carpaccio de veau, terrine de foie gras, pied de porc pané ou Minetta Burger dans l'assiette.

113 MacDougal St., entre Bleecker et W 3rd St. • M° W 4th St.-Washington Square • (212) 475 38 50 • minettatavernny.com • Lunch : jeu.-ven. 12h-15h30 ; brunch : sam.-dim. 11h-15h30 ; dinner : t.l.j. 17h-minuit • Plats $24-$65.

Cuba

Cubain 53 Plan H7

Cigares roulés à la main, mojitos frappés, salsa endiablée… C'est un concentré de cubanité que propose ce restaurant chic. Aux beaux jours, on profite de la salle lumineuse du rez-de-chaussée, ouverte sur la rue. Le soir, on rejoint les alcôves sombres et l'atmosphère *caliente* du sous-sol pour des cocktails somptueux et de la musique cubaine live (jeu. 19h-21h). Dans l'assiette, c'est toute l'Amérique latine qui débarque !

222 Thompson St. • M° W 4th St.-Washington Square • (212) 420 78 78 • cubanyc.com • Lun.-mer. 14h-22h, ven.-sam. 12h-minuit, dim. 12h-22h (brunch sam.-dim. 12h-16h) • Plats $15-$23.

Mah-Ze-Dahr Bakery

Pâtisserie 54 Plan G6

Dans la vitrine de cette petite pâtisserie à la devanture bleue, qui compte quelques places assises, les gâteaux sont tous plus appétissants les uns que les autres. À la dégustation, ça se confirme : le brownie est moelleux, le cheesecake est savoureux et le *brioche doughnut*, la spécialité de la maison fourrée d'une crème pâtissière, est aéré à souhait !

28 Greenwich Ave., angle 10th St. • M° Christopher St. • (212) 498 98 10 • mahzedahrbakery.com • Lun.-jeu. 7h30-19h, ven. 7h30-20h, sam. 8h-20h, dim. 8h-19h • Brioche doughnut $5.

La Bonbonnière

Diner 55 Plan G6

Cette institution régale les habitants du quartier depuis les années 1930, pour une poignée de dollars (littéralement, puisque l'endroit n'accepte pas les cartes bancaires) ! Ici, pas de brunch sophistiqué mais un petit déjeuner à l'américaine à base d'omelettes, tranches de bacon bien grillées, pancakes dégoulinant de sirop d'érable mais aussi sandwichs chauds et froids, à manger à toute heure de la journée dans une atmosphère très old school. Si tout est délicieux, rien n'égale le Famous French Toast aux pépites de chocolat…

28 8th Ave., entre 12th St. et Jane St. • M° 14th St.-8th Ave. • (212) 741 92 66 • T.l.j. 7h-17h • Plats $8-$18.

Via Carota

Italien 56 Plan G6

Voici une délicieuse adresse italienne – une de plus ! – nichée au cœur de West Village. Ce restaurant de quartier à l'ambiance familiale est vite devenu réputé grâce à ses plats, authentiques et goûteux. Le décor est rustique, la salle est dotée d'une grande table communale en bois et d'étagères remplies de vaisselle.

En été, on peut s'installer sur les quelques tables à l'extérieur. Un endroit où l'on se sent bien !

51 Grove St., entre 7th Ave. et Bleecker St. • M° Christopher St. • (212) 255 19 62 • viacarota.com • Lun.-ven. 11h-23h, sam.-dim. 10h-minuit • Plats $19-$27.

Bars, clubs Sorties

Lelabar

Bar à vins 23 Plan G7

C'est le bar à vins qu'on aimerait tous avoir à côté de chez soi. Impératif de convivialité dans ce local lilliputien d'Hudson Street : les seules places assises sont autour du long bar qui occupe tout l'espace. Plus de 700 vins ont été sélectionnés avec soin par des œnologues en herbe passionnés. Et si vous vous engagez à prendre deux verres du même vin, on vous ouvre n'importe quelle bouteille de la carte !

422 Hudson St. • M° Houston St. • (212) 206 05 94 • lelabar.com • Lun.-ven. 16h-minuit, sam.-dim. 14h-minuit • Happy hour 17h-18h • Verre de vin à partir de $14 (minimum 2 verres).

(Le) Poisson rouge

Concerts 24 Plan H7

Dans le sanctuaire jazz qu'est Greenwich Village, cette salle de concerts tire son épingle du jeu avec une programmation éclectique allant du rock au classique en passant par la folk, l'indie-pop ou l'electro. Hélène Grimaud, Iggy Pop, Patti Smith, Lady Gaga, Squarepusher, Deerhunter et Yo La Tengo s'y sont produits. Éclectique, on vous dit !

158 Bleecker St., entre Sullivan et Thompson St. • M° W 4th St.-Washington Square • (212) 505 34 74 • lpr.com • Concert env. $20.

Village Vanguard

Club de jazz 25 Plan G6

Ouvert depuis 1935, le Village Vanguard n'a pas pris une ride. Toutes les célébrités du jazz, comme Pharoah Sanders, John Coltrane ou Miles Davis, sont venues se produire ici. Cette institution est aujourd'hui encore une scène incontournable pour tous les grands noms du jazz. Le lundi est réservé à l'orchestre Jazz Vanguard.

178 7th Ave. S, angle Perry St. • M° 14th St. • (212) 255 40 37 • villagevanguard.com • Concerts à 20h et 22h • Entrée $35 (dim.-jeu.) et $40 (ven.-sam.) + 1 boisson min.

Smalls Jazz Club

Club de jazz 26 Plan G6

Voilà plusieurs décennies déjà que Smalls joue dans la cour des grands. Aux manettes, l'oreille éduquée de Mitchell Borden, ancien sous-marinier devenu violoniste de jazz, qui aura fait défiler sur scène bon nombre des espoirs du jazz, du pianiste Brad Mehldau au saxophoniste Seamus Blake, pour ne citer

Smalls Jazz Club

qu'eux. Une cave voûtée, un long bar où siroter bières et cocktails, une poignée de bancs et un jeune public d'amateurs pour des soirées jazz enfiévrées.

183 W 10th St. • M° Christopher St. • (646) 476 43 46 • smallslive.com • Ouverture des portes à 19h • Concerts à 19h30, 22h et 23h30 • Lun.-jeu : $40, ven.-dim. $50, Walk-In Ticket *: $25 (sans place assise).*

Mace

Bar à cocktails 27 Plan H6

Le bar fondé par le Français Nico de Soto, ancien mixologiste à l'Experimental Cocktail Club à Paris, a fait peau neuve pour rouvrir dans le West Village. Plus populaire que jamais, le lieu sert des cocktails aux saveurs surprenantes, tantôt fruitées, tantôt épicées, pour un résultat tout en subtilité. Dès la première gorgée, on comprend pourquoi Mace a fini en tête du très réputé classement World's 50 Best Bars trois fois d'affilée.

35 W 8th St., entre 5th Ave. et 5th Ave. • M° Christopher St. ou W 4th St.-Washington Square • (347) 866 77 39 • Lun.-mer. 16h-minuit, jeu. 16h-1h, ven. 16h-2h, sam. 14h-2h, dim. 14h-minuit • Cocktails $16-$19

Comedy Cellar

Comedy show 28 Plan G-H7

Véritable creuset de la culture américaine, le *comedy show* est un art new-yorkais par excellence. Sur scène, des comédiens professionnels ou amateurs sont prêts à tout pour vous faire rire avec leurs névroses, anecdotes cocasses et observations sur la vie. Comedy Cellar, c'est LA scène mythique du stand-up, celle où sont passés Jerry Seinfeld ou Robin Williams. Dans ce bar sombre avec tables et banquettes disséminées un peu partout, vous aurez peut-être la chance de tomber un soir sur Dave Chapelle ou Chris Rock !

117 MacDougal St., entre W 3rd St. et Minetta Lane • M° W 4th St.-Washington Square • ☎(212) 254 34 80 • comedycellar.com • T.l.j. 19h ou 19h30-3h • Prix variable selon les dates : env. $25 le week-end + 2 consos/ pers. obligatoires.

Off The Wagon

Bar étudiant 29 Plan G-H7

Voici l'un des bars préférés des étudiants du quartier. On y vient pour les bières pas chères (surtout pendant l'happy hour), les diffusions de matchs de basket et football américain, mais surtout pour le *beer pong* : à l'étage, de longues tables vous permettront de vous essayer à ce jeu à boire qui fait fureur dans toutes les fraternités des universités américaines. Ambiance garantie !

109 MacDougal St., entre Minetta Lane et Bleecker St. • M° W 4th St.-Washington Square • ☎(212) 533 44 87 • offthewagonnyc.com • Dim.-mer. 12h-2h, jeu.-sam. 12h-4h • Happy hour 12h-19h • Pichet de bière pour beer pong $10.

Infos Covid-19 ⚠

Compte tenu du contexte sanitaire, de nombreuses adresses sont amenées à restreindre leur ouverture et à s'adapter à la situation. Nous vous recommandons de vérifier leurs horaires sur leur site Internet ou leur page Facebook.

Employees Only

Speakeasy 30 Plan G6

Cela fait plusieurs années qu'Employees Only figure dans le prestigieux classement The World's 50 Best Bars, et l'on comprend vite pourquoi : les cocktails sont à tomber, l'ambiance est classe sans être coincée et le cadre est intimiste. Pour trouver le bar, il faut pousser la porte d'un mystérieux cabinet de voyance… Un conseil : l'endroit est connu, arrivez dès l'ouverture pour éviter la queue.

510 Hudson St., entre W 10th et Christopher St. • M° Christopher St. • ☎(212) 242 30 21 • employeesonlynyc.com • T.l.j. 18h-4h • Cocktails $18.

Hôtels B&B

Washington Square Hotel

Rooftop Plan H6

Ce bel hôtel Arts déco accueille artistes et écrivains depuis plus d'un siècle. Il est doté d'un bar, d'un restaurant, d'un *rooftop garden* ainsi que d'une salle de fitness.

103 Waverly Place, angle MacDougal St. • M° W 4th St. • (212) 777 05 15 et (800) 222 04 18 • washingtonsquarehotel.com • $160-$250.

Shopping Cadeaux

Evolution

Curiosités 23 Plan H6-7

Un squelette vous accueille à l'entrée, histoire de vous mettre dans l'ambiance ! Cette boutique, qui ressemble davantage à un musée d'Histoire naturelle, regorge de surprises. Outre les animaux empaillés, on y trouve une véritable collection de crânes, os et squelettes complets du genre humain, des insectes énormes à accrocher dans votre maison de campagne…

687 Broadway, entre W 3rd St. et 4th St. • M° 8th St.-NYU • (212) 343 11 14 • theevolutionstore.com • T.l.j. 11h-20h.

Flight Club

Chaussures 24 Plan H6

Les collectionneurs de baskets ne manqueront pas le plus grand dépôt-vente de *sneakers* au monde ! De nombreux modèles Nike, Vans, New Balance, Converse (à partir de $25) sont introuvables ailleurs. Et le choix de casquettes des équipes de base-ball et de football américain (à partir de $10) est étourdissant.

812 Broadway, entre 11th St. et 12th St. • M° 8th St. • flightclub.com • T.l.j. 11h-19h.

Bookmarc by Marc Jacobs

Librairie 25 Plan G6

Dans cette jolie librairie de la galaxie Marc Jacobs, vous trouverez une sélection pointue d'œuvres littéraires et de beaux livres d'art et de photographies.

400 Bleecker St. • M° Christopher St. • (212) 620 40 21 • marcjacobs.com • T.l.j. 11h-17h.

C.O. Bigelow

Beauté 26 Plan G6

Ouverte en 1838, la plus ancienne pharmacie de New York a conservé son décor d'époque. Allez-y pour les parfums et produits de beauté maison très appréciés, comme le baume à lèvres aux baies ou le baume à lèvres citron ou vanille-menthe. Vous y dénicherez toutes sortes de crèmes, de lotions et de savons américains aux emballages rétro.

414 Ave. of the Americas, entre W 8th et W 9th St. • M° Christopher St. • (212) 533 27 00 • bigelow chemists.com • Lun.-sam. 9h-19h, dim. 9h-17h30 • Baume à lèvres $7,50-$8.

ARCHITECTURE, LE GRAND MIX

Même si l'île de Manhattan est réputée pour ses gratte-ciel et ses larges avenues, elle renferme de nombreuses autres spécificités architecturales sur lesquelles il serait dommage de ne pas s'attarder.

Downtown, berceau de l'histoire

Il suffit de se promener à travers le dédale des rues étroites et éventées du bas de la ville pour ressentir, aujourd'hui encore, les vestiges de la présence des **Hollandais,** premiers colonisateurs de l'île, dès le XVIIe s. (p. 28). Un exemple de ce style d'édifices est visible sur Pearl St. (plan B6). Plus généralement, le périmètre situé à **l'est de Broadway et au sud de Wall Street** (dont le nom atteste des anciennes fortifications) vous transportera dans une autre époque, grâce à ses ruelles grossièrement pavées et à ses maisons faites de pierres et de briques.

Le Village… la campagne à la ville !

Avec ses airs de campagne, tantôt chic, tantôt bohème, le Village (qui comprend Greenwich et West Village) apporte douceur et calme à la ville. Vous croiserez uniquement des **petites maisons** ou des immeubles de briques à quatre ou cinq étages. Son tracé anarchique, par opposition avec le quadrillage du reste de la ville, invite à s'y perdre. Les ruelles étroites et les façades colorées ont un charme exceptionnel ! Parmi les trésors à ne pas manquer : St Luke's Place (au cœur de Leroy St., entre Hudson St. et 7th Ave. – plan G7), Grove St. (plan G6) et Bedford St. (plan G7), qui renferme la plus petite maison du quartier (au n° 75 1/2).

Les *brownstones* ou l'élégance new-yorkaise

Le *brownstone* est un **grès rouge** utilisé pour la construction de

Enclaves et châteaux d'eau

Dans les années 1800, la ville de New York impose que tout immeuble de plus de 6 étages possède un château d'eau sur son toit. Devenus un des emblèmes de la ville, ils continuent d'orner le ciel de Manhattan ! Autre curiosité architecturale : de petites enclaves qui, le temps d'une cour ou d'une impasse, forment un minivillage au sein de la ville. Grove Court (plan G6), Washington Mews (autour de 5th Ave. au sud de 8th St. – plan H6), Sniffen Court (150-158 E 36th St., entre Lexington et 3rd Ave. – plan B3)… il y en a partout. Ouvrez l'œil !

maisons. Les premiers édifices sont apparus à New York au milieu du XIXe s. Le terme *brownstones* désigne également une **série de maisons alignées et identiques** dont l'entrée principale est surélevée par rapport au niveau de la rue. On y accède grâce à de petits escaliers extérieurs. Ces maisons bénéficient de très larges fenêtres et de *bow-windows*, qui viennent ajouter de l'élégance au bâtiment. Les plus beaux exemples de cette architecture se trouvent à **Harlem** et dans le quartier de **Park Slope à Brooklyn**.

Cast-iron buildings, les prémices des gratte-ciel

Cette architecture, liée à la **révolution industrielle,** apparaît à la fin du XIXe s. Les *cast-iron buildings* sont des édifices constitués d'une **structure en métal** à laquelle vient s'ajouter une **façade de fonte.** Du fait de la solidité des matériaux, cette nouvelle technique de construction a permis aux architectes de projeter des bâtiments de plus en plus hauts. Les façades, agrémentées de colonnes d'ordre dorique, ionique ou corinthien, sont majestueuses. Le quartier de **SoHo** en renferme la plus grande concentration de toute la ville. Au départ il s'agissait d'immeubles commerciaux mais aujourd'hui, après avoir servi d'ateliers d'artistes dans les années 1970, ces bâtiments ont été transformés en lofts de luxe très prisés.

Le « chic » industriel

New York, **ville moderne et futuriste,** renferme aussi des quartiers underground, anciennement industriels, devenus chics et prisés : ils sont les épicentres des arts, de la mode et de la vie nocturne. C'est le cas du **Meatpacking District** et ses anciens abattoirs, de **Chelsea** et ses entrepôts, ou encore de **DUMBO** et **Williamsburg**, à **Brooklyn,** et de leurs usines en briques. Ces espaces, devenus aujourd'hui des lofts, font partie intégrante du charme de la ville et de son côté pittoresque. ■

CHELSEA, MEATPACKING ET HUDSON YARDS 8

Petites rues pavées et anciens abattoirs reconvertis en boutiques de mode, restos et clubs branchés : le vibrant micro-quartier de Meatpacking offre un décalage surprenant! Les expos du Whitney Museum et la High Line parachèvent l'image tendance de ce haut lieu de la nuit new-yorkaise. Au nord de la High Line, l'ambitieux projet immobilier Hudson Yards affiche fièrement son design spectaculaire et ne laissera pas indifférent. Quant à l'avant-gardiste Chelsea, il n'est pas en reste avec ses galeries d'art, sa scène gay et ses nombreux clubs.

High Line

① Whitney Museum of American Art+++

Ce musée consacré à l'art américain moderne et contemporain est l'un des plus excitants de Manhattan. Fondé en 1931 par la milliardaire Gertrude Vanderbilt Whitney, sculptrice et grande collectionneuse d'œuvres d'art, il a reçu en 2015 un nouvel écrin au pied de la High Line signé Renzo Piano. Ses collections comptent entre autres des œuvres d'Edward Hopper, Warhol et Lichtenstein, exposées par roulements, et il livre à travers ses grandes baies vitrées des vues renversantes sur le quartier.

Le nouveau Whitney Museum

L'architecture du bâtiment prend en compte l'environnement industriel en rénovation. Le Whitney dispose d'une plus grande surface d'exposition, d'un théâtre pour des projections de films et d'un centre éducatif sur l'art. Il fait la part belle à la transparence, avec d'immenses baies vitrées qui permettent aux visiteurs de profiter de l'extérieur du musée tout en se trouvant à l'intérieur. Sur le toit, face à la High Line, des terrasses offrent une vue imprenable sur le quartier et ses alentours.

Les collections

Le musée détient une collection de 25 000 œuvres des plus grands peintres du XXe s. (Hopper, Kooning, Demuth, Gorky, Pollock, Warhol) et de sculpteurs (Calder, Nevelson, Noguchi, David Smith). Ne manquez surtout pas le célèbre *Circus*, de Calder, l'une des rares œuvres à être exposées en permanence. À voir également, la superbe sculpture *Tango*, d'Elie Nadelman. Une partie du musée est consacrée aux arts cinématographiques d'avant-garde.

Whitney Museum of American Art

Edward Hopper

La collection de tableaux du peintre est l'une des plus importantes au monde. Vous y verrez *Early Sunday Morning* (1930) et *A Woman in the Sun* (1961), dans lesquels les lieux publics reflètent solitude et incommunicabilité. Le musée présente aussi les nouvelles tendances de l'art américain à l'occasion de ses expositions biennales. Les artistes en vogue

Pause salée ou sucrée : Chelsea Market

Repaire de *foodies*, l'ancienne fabrique de biscuits Nabisco s'est métamorphosée en charmant marché couvert. Cafés, restaurants, épiceries, poissonnerie (The Lobster Place), bar à soupes, pâtisseries et glaciers y côtoient boutiques de mode et de déco ainsi que l'Artists & Fleas Market, un marché de jeunes créateurs.

57 *75 9th Ave., entre W 15th et W 16th St. • (212) 652 21 21 • chelseamarket.com • Lun.-sam. 7h-21h, dim. 8h-22h.*

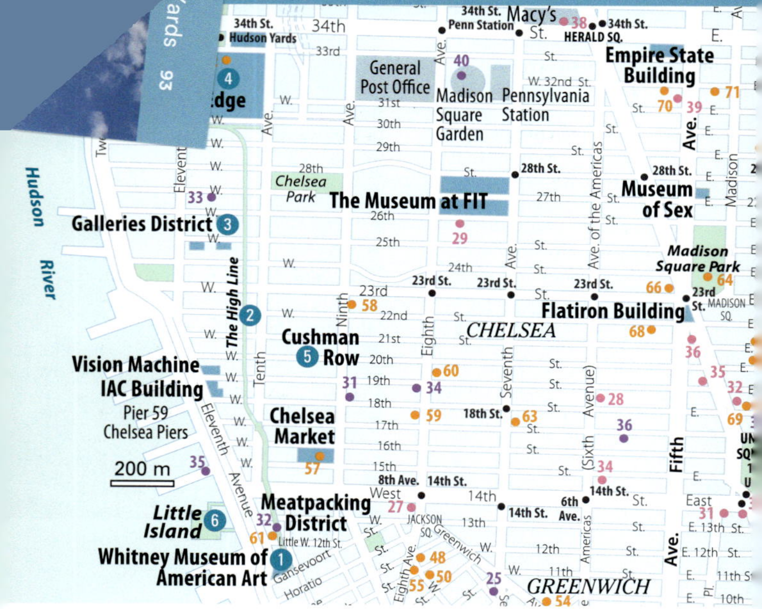

les plus prometteurs y participent. Ces expositions novatrices et osées sont très controversées dans le monde de l'art.

99 Gansevoort St., angle Washington St. • ☏(212) 570 36 00 • whitney.org • Lun. 10h30-17h, jeu. 10h30-18h, ven. 10h30-22h, sam.-dim. 11h30-22h ; fermé Thanksgiving et Noël • Entrée : $25 (don libre ven. 19h-22h).

2 The High Line+++

Une des balades les plus prisées à New York est sans aucun doute la High Line, ce parc suspendu à plus de 10 m de hauteur. Il s'agit d'une voie de chemin de fer désaffectée, élevée au-dessus des rues, se faufilant entre les buildings du bord de l'Hudson. **De Meatpacking à Chelsea**, on déambule entre plantations sauvages et installations d'artistes, avec l'impression de flotter parmi les gratte-ciel.

L'histoire

La High Line a été construite dans les années 1930, dans le cadre d'un projet à la fois public et privé, appelé West Side Improvement. À partir des années 1950, le transport par camion se développant rapidement, l'utilisation de la High Line se réduit petit à petit pour finalement s'arrêter en

1980. L'anecdote raconte que le dernier chargement qui a été transporté sur la High Line aurait contenu des dindes surgelées destinées à fêter Thanksgiving (tout un symbole aux USA !).

La transformation

La High Line est laissée à l'abandon, et on opte en 2004 pour sa transformation en parc, inspiré par la Promenade plantée du XIIe arrondissement de Paris. À l'occasion de l'inauguration d'Hudson Yards, la High Line s'est enrichie d'une extension, **The Spur**, au croisement de 30th St. et 10th Ave. ; l'emplacement est dominé par *Brick House*, une sculpture géante de Simone Leigh en hommage à la beauté de la femme noire.

De Gansevoort St. à 34th St. • ☎ (212) 500 60 35 • thehighline.org • Déc.-mars : t.l.j. 7h-19h; avr.-mai et oct.-nov. : t.l.j. 7h-22h; juin-sept. : t.l.j. 7h-23h.

Hudson Yards, The Vessel

③ Galleries District✦✦

Hot spot de l'art contemporain, les vieux entrepôts de Galleries District concentrent 300 galeries d'art. Les vernissages ont lieu le jeudi à 18h : l'occasion de se mêler à la faune arty et de vivre une expérience 100 % new-yorkaise ! Expos de haute volée à la Gagosian Gallery (522 W 21st St. et 555 W 24th St.) ou à la Pace Gallery (510 W 25th St., 540 W 25th St).

Entre 10th et 12th Ave., 19th et 29th St. • Liste des galeries et des expos : chelseagallerymap.com

④ Hudson Yards✦✦✦

Six gratte-ciel, un centre commercial, une sculpture géante, un centre culturel dernier cri, une nouvelle station de métro… Le projet immobilier pharaonique d'Hudson Yards a de quoi impressionner ! Univers sans âme pour millionnaires ou nouvel espace public ? Pour vous faire une idée, admirez **The Vessel** et ses 154 volées d'escaliers, inspiré des puits à degrés indiens, puis découvrez les expos multidisciplinaires et les spectacles de **The Shed**.

Little Island

Edge

C'est la plateforme d'observation vitrée d'Hudson Yards, accrochée à 335 m au-dessus du vide ! On la reconnaît à sa forme triangulaire qui a redessiné la *skyline*. Depuis la plateforme et le 100e niveau où elle est perchée, on a une vue à 360° sur New York. Pour des sensations vertigineuses, placez-vous sur le triangle de verre transparent et observez la ville qui grouille sous vos pieds.

The Vessel : *20 Hudson Yards • hudsonyardsnewyork.com •* ***Fermé jusqu'à nouvel ordre.***

The Shed : *545 W 30th St. • ☎ (646) 455 34 94 • theshed.org • Ouv. selon les événements : se renseigner • Expos et spectacles payants.*

Edge : *30 Hudson Yards • ☎ (332) 204 85 00 • edgenyc.com • T.l.j. 8h-minuit (dernier ascenseur 50 min av. la fermeture) • Entrée : $36; résa en ligne obligatoire (15 j. à l'avance pour le coucher du soleil).*

5 Cushman Row✦

Cette portion de 20th St. nous replonge dans le Chelsea bourgeois des années 1850, avec son bel alignement *(row)* de maisons en briques de style *Greek Revival*, ou néogrec. À deux blocks (19th St., angle 11th Ave.), l'**IAC Building** façon iceberg de Frank Gehry et la tour à facettes **Vision Machine** de Jean Nouvel incarnent le nouveau Chelsea, moderne et design.

406-418 W 20th St., entre 9th et 10th Ave.

6 Little Island✦✦

Une nouvelle bouffée d'oxygène en plein Meatpacking District ! Cette île artificielle de près d'un hectare a été créée sur le fleuve Hudson par Heatherwick Studio, également à l'origine de The Vessel. Posée sur des pilotis en béton de hauteur variable, elle offre un paysage tout en relief parsemé d'arbres, de pelouses et de centaines de variétés de plantes. Little Island comprend aussi un amphithéâtre, The Amph, où sont organisés des concerts et performances, parfois gratuits.

Pier 55 at Hudson River Park, entre W 13th St. et W 14th St. • littleisland.org • T.l.j. à partir de 6h, fermeture entre 23h30 et 1h selon les j. • Entrée gratuite ; résa en ligne obligatoire pour les visites à partir de 12h.

Restos Bistrots

Harbs

Salon de thé 58 Plan A4

Avis aux gourmands, ce restaurant risque bien de faire grimper votre glycémie en flèche ! Harbs propose des gâteaux absolument divins. Une mousse à la mangue, un gâteau aux mille crêpes, un gâteau au chocolat ou simplement leur NYC cheesecake : attention à l'overdose de sucre !

198 9th Ave., entre 22nd et 23rd Ave. • M° 23rd St. • ☎(646) 336 68 88 • harbsnyc.com • Lun.-jeu. 11h-18h, ven.-dim. 11h-20h • Part de gâteau $9-$13.

Westville

Healthy food 59 Plan A4

L'accent est mis ici sur la qualité des ingrédients choisis et la fraîcheur des produits qui proviennent des fermes aux alentours dans l'État de New York. Une belle carte à prix raisonnables.

246 W 18th St. • M° 18th St. • ☎(212) 924 22 23 • westvillenyc.com • T.l.j. lunch 11h30-15h, dîner 17h-22h, brunch 10h-16h • Plats $10-$25.

Zizi

Méditerranéen 60 Plan A4

Un restaurant détente où vous dégusterez une cuisine méditerranéenne moderne. Melting-pot entre différentes régions et influences (Afrique du Nord, Israël, Turquie, Espagne, Liban, etc.), vous pourrez choisir entre le houmous, le tajine ou encore le kebab à l'agneau *(shawarma)*.

182 8th Ave., angle 19th St. • M° 18th St. • ☎(646) 454 97 10 • zizinyc.com • Mer.-jeu. 16h30-22h, ven.-sam. 16h30-23h, dim. 14h-20h • Shawarma $24.

Best Burger

Avec vue 61 Plan A4

Au 101e niveau du bâtiment flambant neuf qui abrite Edge et sa plateforme d'observation, ce restaurant propose une cuisine américaine moderne, que l'on déguste face à un panorama époustouflant. Un bon moyen de profiter d'une vue similaire à celle de Edge, qui se trouve un étage en dessous, sans payer l'entrée !

53 Little W 12th St., entre 10th Ave. et Washington St. • M° 14th St.-8th Ave. • T.l.j. 11h-minuit. • Burgers $10-$18.

Peak

Burgers 62 Plan A3

Un *burger joint* comme on n'en fait plus (on a d'ailleurs du mal à croire qu'il a vu le jour en 2021 !), qui sert des burgers en toute simplicité avec une généreuse portion de frites maison. Le week-end, pour le brunch, les plats sont plus variés mais tout aussi riches : *fried chicken and waffle* (poulet frit sur une gaufre, $17) et *French toast* (pain perdu, $10) sont notamment servis dans ce petit restaurant au décor vintage très agréable.

30 Hudson Yards • (332) 204 85 09 • peaknyc.com • M° 34th St.-Hudson Yards • Lun.-jeu. 17h-22h, ven.-dim. 11h45-15h45 et 17h-22h • Plats $33-$39 à midi, $37-$54 le soir.

Cafeteria

Cafeteria

Diner 63 Plan A-B4

Cette adresse devenue célèbre grâce à la série culte *Sex & the City* propose tous les classiques du petit déjeuner américain. Ouvert en continu, Cafeteria séduira les inconditionnels du brunch et les couche-tard rêvant d'une omelette ou d'un burger juteux au beau milieu de la nuit. L'espace est lumineux et le décor aux antipodes des traditionnels *diners* américains, avec ses lignes épurées et son blanc qui domine.

119 7th Ave., angle 17th St. • M° 18th St. • (212) 414 17 17 • cafeteriagroup.com • T.l.j. 24h/24 • Plats $15-$25.

Bars, clubs Sorties

Bathtub Gin

Speakeasy 31 Plan A4

Un autre *speakeasy* dont l'entrée se fait par un *coffee shop*. Et si vous cherchez l'explication de son nom, sachez qu'il y a une grande baignoire (où certains clients aiment se prendre en photo) qui trône au milieu du bar et que le gin est leur spécialité (c'était l'alcool le plus répandu pendant la Prohibition). Consultez leur site Internet : ils organisent régulièrement des soirées à thème avec des shows burlesques ou du jazz live.

132 9th Ave., entre W 18th et W 19th St. • M° 18th St. • (646) 559 16 71 • bathtubginnyc.com • Mar.-jeu. 17h-2h, ven.-sam. 17h-4h • Cocktails $17.

The Standard Hotel

Club 32 Plan A4

Comme en apesanteur au-dessus de la High Line, cet hôtel design façon Le Corbusier est le *hot spot* de Meatpacking. Ne manquez pas le *Biergarten* sous la voie ferrée, où l'on engloutit *wurst* ($12-$14 avec accompagnement), bretzels et pintes de bière. Aux beaux jours, on grimpe sur le rooftop gazonné. Au menu : crêpes, cocktails et vue spectaculaire sur l'Hudson River ! S'inscrire sur la *guest list* pour espérer accéder au *dancefloor.*

848 Washington St., angle Little W 12th St. • M° 8th Ave. • (212) 645 46 46 • standardhotels.com • Biergarten : mer.-jeu. 16h-minuit, ven. 15h-1h, sam. 12h-1h, dim. 12h-minuit; Rooftop/Club Le Bain : mar. 22h-4h, mer. 16h-minuit, jeu.-ven. 16h-4h, sam. 14h-4h, dim. 14h-minuit.

Gallow Green

Rooftop 33 Plan A4

Ce bar se transforme complètement en fonction de la saison. Deux bars en un ! La version estivale (Gallow Green) est un éden de verdure niché sur le toit du McKittrick Hotel. On se pose à l'ombre du feuillage d'un des arbustes qui colonisent la terrasse, on commande un *Manderley* (rhum épicé de Guyana, citron vert, feuilles de coriandre et poivrons rouges frais) et on profite du charme botanique de ce toit new-yorkais. La version hivernale (The Lodge) consiste en une cabane en bois installée sur ce même rooftop. Un refuge alpin en ville pour les inconditionnels de l'après-ski, les adeptes du vin chaud et les nostalgiques de l'hospitalité montagnarde !

542 W 27th St., entre 11th Ave. et 10th Ave. • M° 34th St.-Hudson Yards • (212) 904 18 80 • mckittrickhotel.com/gallow-green • Mar.-mer. et dim. 17h-23h, jeu. 17h-minuit, ven.-sam. 17h-1h; fermé lun. (horaires variables) • Cocktails $18.

Joyce Theater

Danse 34 Plan A4

Le Joyce Theater propose des représentations de petites troupes new-yorkaises au talent reconnu. Eliot Feld et sa Ballet Tech Company y ont élu domicile. Meredith Monk et The Erick Hawkins Dance Company s'y sont produits. Le programme d'été du théâtre est assez bien rempli et inspirant.

175 8th Ave., angle 19th St. • M° 23rd St. • (212) 242 08 00 • joyce.org • Entrée $10-$90.

City Winery

Bar à vins 35 Plan A4

Michael Dorf a déménagé début 2020 son espace dédié aux plaisirs du vin, celui de le déguster certes, mais aussi celui de le fabriquer, le long de l'Hudson River. Atmosphère chic, sans être guindée, pour un dîner sous le signe de Bacchus dans le restaurant ou pour un concert de folk, country, blues ou rock traditionnel dans le bar (deux salles, concerts payants).

25 11th Ave. (Hudson River Park) Pier 57 • M° 14th St.-8th Ave. • (212) 608 05 55 • citywinery.com • Lun.-jeu. 17h-22h, ven.-dim. 12h-22h • Vin au verre $12-$15.

Hôtels B&B

The Jane Hotel

Rétro Plan A4

Ce petit hôtel historique, où furent hébergés les rescapés du *Titanic*, vous offre le choix entre couchettes de wagon-lit, cabines de bateau ou chambres doubles.

113 Jane St., angle West St. • M° 8th Ave.-14th St. • (212) 924 67 00 • thejanenyc.com • $69-$99 la double avec lits superposés et sdb commune, $149-$250 la Captain's Cabin avec queen beds et sdb privée • Pas de petit déj.

Colonial House Inn

Cosy Plan A4

Les hétéros apprécient également cette adresse *gay-friendly* qui compte 20 chambres cosy et deux suites avec cuisine.

318 W 22nd St., entre 9th et 8th Ave. • M° 23rd St. • (212) 243 96 69 • colonialhouseinn.com • Chambres $130-$150 (sdb commune), $180-$220 (sdb privée), suites (5 pers.) à partir de $280.

Shopping Cadeaux

Soapology

Beauté 27 Plan G6

Cette boutique propose une large gamme de soins pour le visage et pour le corps *made in* Brooklyn à base de produits naturels. Un bar à huiles essentielles vous permet également de créer votre propre lotion en mêlant vos parfums préférés : gardénia, concombre, sucre vanillé, tabac et caramel, ou encore pamplemousse… elles sont toutes divines. Essayez leur extraordinaire beurre pour le corps (*buttercream*, $28).

67 8th Ave., entre 13th et 14th St. • M° 8th Ave. • (212) 255 76 27 • soapologynyc.com • Lun.-jeu. 10h-20h, ven.-dim. 10h-22h.

Marshalls

Discount 28 Plan B4

Cette chaîne de magasins discount propose des objets, vêtements et produits de marque à des prix imbattables. Les Américains en sont fous ! Une chose est sûre, vous ne repartirez pas bredouille : sacs griffés, maquillage, objets de déco, bougies parfumées, vêtements de qualité… Dans la même enceinte se trouve TJ Maxx, magasin du même groupe qui propose un concept similaire.

620 6th Ave., entre 18th et 19th St. • M° 18th St. • (212) 741 06 21 • marshalls.com • Lun.-sam. 9h30-21h30, dim. 10h-20h.

NOS BURGERS PRÉFÉRÉS

Le petit sandwich né à Hambourg aurait fait le voyage jusqu'en Amérique avec les immigrés allemands au XIXe s. Vous en trouverez partout, alors voici de quoi vous aider à choisir.

Ruby's

Une ambiance intimiste et décontractée pour des burgers concoctés avec des produits locaux, le tout à prix très doux.

Voir p. 54, quartier4, Chinatown, Little Italy et NoLIta.

Superiority Burger

Dans la catégorie « burger végétarien », voici celui au munster…

Voir p. 72, quartier 6, East Village et NoHo.

Superiority Burger

Corner Bistro

On y vient pour ses burgers légendaires et une expérience new-yorkaise authentique.

Voir p. 83, quartier 7, Greenwich Village et West Village.

Best Burger

Ambiance rétro et savoureux cheeseburgers servis avec une énorme portion de frites maison.

Voir p. 97, quartier 8, Chelsea, Meatpacking et Hudson Yards.

Shake Shack

Un incontournable et sans hésiter l'un des meilleurs burgers de New York.

Voir p. 103, quartier 9, Flatiron District et Union Square.

Burger Joint

Dans une ambiance *street art*, venez déguster les excellents burgers de ce petit fast-food.

Voir p. 127, quartier 11, De Times Square à Fifth Avenue.

FLATIRON DISTRICT ET UNION SQUARE 9

L'un des tout premiers gratte-ciel de la ville a donné son nom au Flatiron District, qui marque la frontière entre Downtown et Midtown. À deux pas des petits squares tranquilles cernés de maisons bourgeoises (Gramercy Park), la frénésie new-yorkaise reprend ses droits. Trottoirs encombrés de passants, profusion de magasins sur les grandes avenues et foule bigarrée à Union Square, c'est aussi le rendez-vous des artistes de rue, des joueurs d'échecs et du *farmers market* préféré des New-Yorkais !

Flatiron Building

1 Flatiron Building✦✦✦

Construit en 1902 par Daniel Burnham, membre de l'École de Chicago, le Fuller Building (du nom des premiers propriétaires) fut l'un des premiers gratte-ciel de New York. S'il n'a jamais été le plus haut, avec ses 21 étages, l'immeuble de style Beaux-Arts était très original et novateur pour l'époque. Sa forme en fer à repasser, qui lui a valu le surnom de Flatiron, et l'étroitesse de sa proue (2 m) fascinent toujours autant. Une vitrine où sont exposées des œuvres d'art prolonge la pointe du bâtiment.

175 5th Ave., angle Broadway • Ne se visite pas.

2 Madison Square Park✦✦

Avec le Flatiron Building en arrière-plan, ce ravissant petit parc est agréable pour faire

Madison Square Park

une pause et observer les New-Yorkais : hommes d'affaires, jeunes mamans et leur progéniture, poètes en quête d'inspiration et amateurs de yoga composent un joyeux mélange. Au sud, le kiosque de Shake Shack (voir ci-dessous) est pris d'assaut pour ses *cheeseburgers* inoubliables.

5th Ave., entre 23rd et 26th St.
• madisonsquarepark.org
• T.l.j. 6h-minuit.

③ Museum of Sex✦

Vous pourrez aller jeter un œil aux expositions temporaires axées sur l'histoire, l'évolution et la portée culturelle des pratiques sexuelles, acheter des gadgets sexy et rigolos (à partir de $8,95) ou vous faire concocter un élixir d'amour au bar.

233 5th Ave., angle E 27th St. • (212) 689 63 37 • museumofsex.com • Lun. et mer.-jeu. 13h-22h, ven. 13h-minuit, sam. 12h-minuit, dim. 12h-22h • Entrée : $36.

Pause burger : Shake Shack

Joignez-vous à la file des gourmands qui se pressent devant le kiosque de Shake Shack, planté au sud de Madison Square Park. Dans une ambiance de guinguette, on y mange de délicieux burgers, parmi les meilleurs de New York ! Également à la carte, hot-dogs, frites, glaces et milk-shakes. Shake Shack a essaimé plusieurs fast-foods dans Manhattan.

64 ***Madison Square Park, angle 23rd St. • (212) 889 66 00 • shakeshack.com • T.l.j. 11h-23h • Burgers : $6,75-$8,75.***

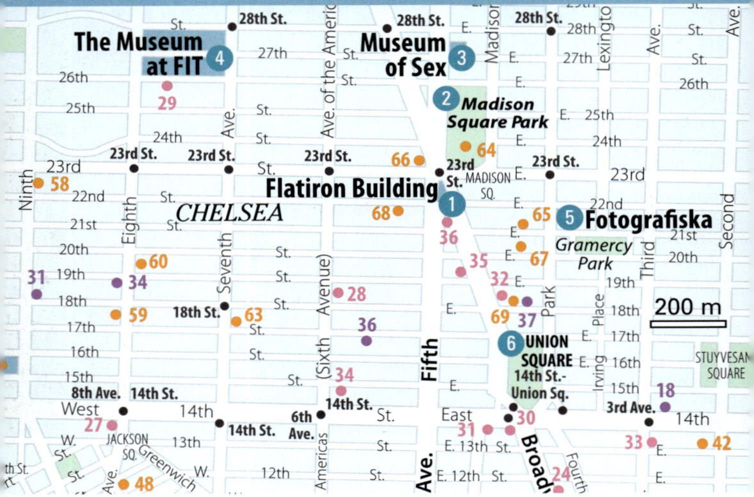

④ The Museum at FIT✦✦

Le Fashion Institute of Technology (FIT) possède la plus grande collection de tissus et de costumes au monde. Son musée est entièrement consacré à la mode et à son histoire. Au fil des expositions temporaires, vous apprendrez les fondements principaux des grandes industries de mode et découvrirez les différentes influences ethniques. Certains travaux de jeunes créateurs très prometteurs sont également exposés.

7th Ave., angle W 27th St. • ☎(212) 217 45 58 • fitnyc.edu/museum • Mar.-ven. 12h-20h, sam. 10h-17h; fermé 4 juil., Thanksgiving, Noël et j. de l'An • Accès libre.

⑤ Fotografiska✦✦

C'est la branche new-yorkaise du musée de la photographie éponyme qui se trouve à Stockholm. Dans ce superbe bâtiment de six étages (dont trois sont consacrés aux installations artistiques) sont présentées des expositions temporaires de grande qualité. Les photographies sont choisies et articulées de manière à véhiculer un message, qu'il soit d'innovation, d'acceptation, de durabilité, de justice sociale…

281 Park Ave. S, angle 22nd St. • ☎(212) 433 36 86 • fotografiska.com • T.l.j. 9h-21h • Entrée : $26 • Résa en ligne obligatoire.

6 Union Square Greenmarket✦✦

Repaire de grands chefs new-yorkais et de locavores, le plus célèbre des marchés fermiers a lancé en pionnier le *local food movement* en 1976. Plus d'une centaine de fermiers urbains de Brooklyn et de petits producteurs de la vallée de l'Hudson y vendent leurs produits artisanaux : miel, confitures, pâtisseries, vins, fruits, légumes, pains, fleurs, etc.

Union Square sur Broadway et E 17th St. • grownyc.org/greenmarket/manhattan-union-square-m • Lun., mer. et ven.-sam. 8h-18h.

Union Square Greenmarket

7 Ladies' Mile✦

Au XIXe s., Broadway, entre Madison Square et Union Square, était surnommé « Ladies' Mile ». L'artère la plus courue d'Amérique alignait théâtres, music-halls et grands magasins de luxe où les élégantes dépensaient des fortunes. Les bâtiments aux façades ornementées rappellent cet âge d'or, comme l'ancien magasin Lord & Taylor (n° 901, angle 20th St.). Beaux buildings aussi sur 5th Ave. et Ave. of the Americas, à la clientèle plus *middle class*.

Restos | Bars | Hôtels | Shopping | Activités

Restos Bistrots

Cosme

Mexicain 65 Plan B4

Cuisine contemporaine d'inspiration mexicaine dans le restaurant des chefs Enrique Olvera et Gustavo Garnica. Tout a été pensé dans les moindres détails : le design très moderne de la salle, le menu créatif, la composition presque artistique des assiettes. Goûtez leur *enmoladas* (*enchilada* dans une sauce *mole*) et leur *tlayuda* (pizza de tortillas) qui sont de véritables invitations au voyage.

35 E 21st St., entre Broadway et Park Ave. • M° 23rd St. • (212) 913 96 59 • cosmenyc.com • Lun.-ven. 12h-14h30 et 17h30-23h (minuit ven.), sam.-dim. 11h30-14h30 et 17h30-minuit (23h dim.) • Plats $17-$98.

Eataly

Italien 66 Plan B4

Ce petit coin d'Italie du Flatiron District est une destination gourmande très prisée des New-Yorkais ! Cinq restaurants, deux cafés, une pâtisserie, une école de cuisine, deux boulangeries et un marché gourmand… De quoi trouver votre bonheur !

200 5th Ave., angle 23rd St. • M° 23rd St. • (212) 229 25 60 • eataly.com • Café : t.l.j. 8h-21h; marché : t.l.j. 9h-22h.

Mari Vanna

Russe 67 Plan B4

Vous vous trouverez transporté en Russie dans ce restaurant au décor de maison de poupée. Dans les assiettes, la cuisine de babouchka : bœuf Stroganoff, blinis et soupe *bortsch*. En entrée, commandez le *Herring Under a Fur Coat* (salade froide composée de différentes couches : hareng, œuf dur, etc.), une spécialité russe dont vous nous direz des nouvelles.

41 E 20th St., entre Broadway et Park Ave. • M° 23rd St. • (212) 777 19 55 • Lun. 12h-1h, mar.-jeu. 12h-22h30, ven.-sam. 12h-23h, dim. 11h-22h • Herring Under a Fur Coat *$17.*

Infos Covid-19 ⚠

Compte tenu du contexte sanitaire, de nombreuses adresses sont amenées à restreindre leur ouverture et à s'adapter à la situation. Nous vous recommandons de vérifier leurs horaires sur leur site Internet ou leur page Facebook.

Cote

Coréen 68 Plan B4

Cote est un lieu très couru depuis son ouverture en 2017. Si les restaurants coréens ne manquent pas à New York, en particulier les barbecues, Cote se distingue par la qualité de sa viande et sa belle carte des vins. L'ambiance est résolument branchée, comme la clientèle, et les prix s'en ressentent. Pour se faire plaisir !

16 W 22nd St., entre 5th et 6th Ave. • M° 23rd St. • (212) 401 79 86 • cotenyc.com • T.l.j. 17h-23h. • Viandes à partager $29-$88.

ABC Kitchen

Américain 69 Plan B4

Avec ses 11 restaurants, Jean-Georges est le maître incontesté de la scène culinaire new-yorkaise. ABC Kitchen est une de ses belles réussites où il propose une cuisine américaine organique raffinée dans un élégant cadre blanc et épuré.

35 E 18th St., entre Broadway et Park Ave. • M° 23rd Sq. • (212) 475 58 29 • abchome.

Old Town Bar

com • Lun.-ven. 12h-15h et 17h-23h, sam.-dim. 11h-15h et 17h-23h • Plats env. $25-$40.

Bars, clubs Sorties

The Raines Law Room Chelsea

Bar 36 Plan B4

Les *speakeasyies* – les bars clandestins de la Prohibition – reprennent du service, et leurs cocktails sont toujours aussi bons ! The Raines Law Room Chelsea est un lieu étonnant qui cache un jardin .. clandestin, où poussent menthe et basilic. Pas de numéro de téléphone, juste une porte sans enseigne avec une simple sonnette.

48 W 17th St., entre 5th et 6th Ave. • M° 6th Ave. • raineslawroom.com • Lun.-mer. 17h-1h, jeu.-ven. 17h-2h, sam. 12h-2h, dim. 12h-1h • Cocktails $18; bière dès $10.

Old Town Bar

Bar 37 Plan B4

Une authentique relique dont le décor n'a pas bougé depuis 1892 ! Hauts plafonds en fer-blanc gaufré, long comptoir en acajou, miroirs, petits box en bois (et urinoirs comme vous n'en avez jamais vu !) vous propulsent à la grande époque du Ladies' Mile… le temps d'un verre.

45 E 18th St., entre Broadway et Park Ave. • M° 14th St.-Union Square • (212) 529 67 32 • oldtownbar.com • Lun. 11h30-minuit, mar.-ven 11h30-1h, sam. 12h-1h, dim. 13h (en été 15h)-minuit • Bières $6,50-$9.

Hôtels B&B

The Evelyn

Rétro Plan B4

Un hôtel de style Beaux-Arts (1903), très bien situé dans le microquartier *trendy* de NoMad (North of Madison Square). Il propose de jolies chambres, un peu petites mais confortables.

7 E 27th St., entre 5th et Madison Ave. • M° 28th St. • (212) 543 40 40 • theevelyn.com • Queen supérieure $199-$349.

Shopping Cadeaux

Jazz Record Center

Musique 29 Plan A4

C'est le meilleur magasin de disques de jazz de New York, non seulement pour les productions actuelles, mais aussi pour les vieux albums et les enregistrements de collection des grands maîtres. Expédition partout dans le monde (sélection discount à $4,99).

236 W 26th St., entre 7th et 8th Ave., 8e niveau, pièce 804 • M° 23rd St. • (212) 675 44 80 • jazzrecordcenter.com • Lun.-sam. 10h-18h.

Whole Foods Market

Supermarché bio 30 Plan H6

Le supermarché américain du bio et du tout naturel dispose d'un rayon boulangerie et pâtisserie sans gluten, d'un *salad bar* géant pris d'assaut au déjeuner et d'un rayon cosmétiques proposant des produits naturels de toutes les régions des États-Unis : dentifrice Tom's of Maine, baume à lèvres Burts' Bees ($3,99-$9,99), etc.

4 Union Square East • M° 14th St.-Union Square • (212) 673 53 88 • wholefoodsmarket.com • T.l.j. 7h-23h.

Designer Shoes Warehouse

Chaussures 31 Plan H6

Imaginez un magasin façon entrepôt, rempli de chaussures de grandes marques, de New Balance à Gucci, et vendues avec des rabais de 10 à 70 %. DSW, c'est un peu le paradis sur terre pour les fétichistes de la chaussure ! Le choix est époustouflant, il y en a pour tous les goûts, pour les femmes comme pour les hommes.

Union Square, 40 E 14th St. (à l'étage), entre University Place et Broadway • M° Union Square • (212) 674 21 46 • dsw.com • Lun.-sam. 9h-21h, dim. 10h-19h.

ABC Carpet & Home

Décoration 32 Plan B4

Installé sur six étages, on se croirait dans un musée de la décoration d'intérieur avec des objets venus du monde entier. Le clou du spectacle reste le rez-de-chaussée, sorte de palais des *Mille et Une Nuits* agencé comme une brocante et où l'on trouve une multitude d'accessoires aux styles variés. Au fond du magasin, le restaurant ABC Kitchen sert des produits bio.

888 Broadway, angle E 19th St. • M° 14th St.-Union Square • (212) 473 30 00 • abchome.com • Lun.-dim. 10h-18h (jeu. 19h).

Kiehl's

Beauté 33 Plan H6

Impossible de venir à New York sans passer par cette institution présente depuis 1851 ! Testez leurs baumes pour les lèvres (env. $10) ou leurs crèmes pour le corps (à partir de $23). Vous ne serez pas déçu par la qualité.

109 3rd Ave., angle 13th St. • M° 3rd Ave. ou 14th St.-Union Square • (212) 677 31 71 • kiehls.com • Lun.-sam. 10h-19h, dim. 12h-18h.

Kidding Around

Enfants

34 Plan H6

Kidding Around est une véritable mine d'or : jouets (depuis le plus jeune âge jusqu'à 12 ans), vêtements, farces et attrapes, peluches, jeux de société, gadgets, etc. Les enfants se régaleront au coin déguisement (costumes à partir de $30) avec un très grand choix d'accessoires (à partir de $2,99).

60 W 15th St., entre 6th Ave. et 5th Ave. • M° 14th St. • (212) 645 63 37 • kiddingaroundtoys.com • Lun.-mer. 10h-18h, jeu.-sam. 10h-19h, dim. 11h-17h.

Fishs Eddy

Décoration

35 Plan B4

Un décor de vieille ferme de Nouvelle-Angleterre donne à Fishs Eddy une atmosphère de campagne au cœur de Manhattan. Sur fond de musique des années 1940 et 1950, des piles d'assiettes au décor rétro (à partir de $5,99) vous accueillent : le magasin est spécialisé dans le rachat de la vaisselle d'hôtels, clubs, collèges. Des modèles exclusifs, mais également très rigolos (mug Brooklyn $18,95). Le stock est constamment renouvelé. Une bonne adresse pour donner une touche américaine très originale à votre table.

989 Broadway, angle 19th St. • M° 23rd St. • (212) 420 90 20 • fishseddy.com • Lun.-sam. 10h-18h, dim. 11h-18h.

Harry Potter Store

Apprentis sorciers

36 Plan B4

Un saut à Poudlard, ça vous tente ? Cette vaste boutique sur deux étages est dédiée à l'univers du célèbre sorcier : baguettes magiques, capes, vêtements portant l'emblème des quatre maisons, bonbons (dragées aux saveurs incongrues et Chocogrenouille), beaux livres et autres objets exclusifs. Ne quittez pas les lieux sans avoir goûté la célèbre Bière au Beurre *(butterbeer)*. Également à découvrir, deux expériences de réalité virtuelle pour une immersion dans l'univers magique de Poudlard.

935 Broadway, angle 22nd E St. • M° 23rd St. • harrypotterstore.com • Lun.-sam. 10h-21h, dim. 11h-19h • Scanner le QR code à l'entrée et attendre son tour • Butterbeer $10, VR Experiences $34 (sur résa).

10 L'EMPIRE STATE BUILDING ET SES ENVIRONS

Après avoir grimpé au sommet du gratte-ciel le plus mythique des États-Unis et fait l'inventaire du plus grand magasin du monde, offrez-vous une tranche d'exostisme à Koreatown ou à Garment District. L'ancien quartier de la confection, hérissé de *skyscrapers* Arts déco, est aujourd'hui épicentre de la mode internationale, avec ses maisons de couture et ses trottoirs encombrés de chariots de vêtements.

L'Empire State Building et sa flèche

1 Empire State Building✦✦✦

L'« Empire » n'est pas le gratte-ciel le plus haut du monde, mais il est toujours aussi prestigieux. Construit en moins de deux ans, au début de la crise des années 1930, haut de 381 m (sans l'antenne), il compte 102 niveaux. Le meilleur moment pour une visite est sûrement un soir de beau temps, lorsque le soleil se couche dans le brouillard du New Jersey et que les lumières de New York scintillent (saxophoniste jeu.-sam. 21h-1h). La queue la plus longue est au deuxième niveau, où vous devez attendre un ascenseur qui vous mènera au 86e niveau (observatoire du 102e pas indispensable). Prenez votre mal en patience, la vue en vaut la peine !

La compétition

Construit entre 1930 et 1931, l'Empire State Building est le résultat d'une compétition entre Chrysler Corporation (et son Chrysler Building de 320 m) et General Motors. Ce dernier remporta la lutte en dépassant son rival de 60 m. La construction fut fulgurante : un an et quarante-cinq jours. En raison de la dépression économique, il est longtemps resté à moitié vide, d'où son surnom d'*Empty State* (« vide »). Ses promoteurs évitèrent la faillite grâce au succès touristique du belvédère.

Le belvédère

La flèche qui surplombe la tour fut construite en vue de servir de mât d'amarrage pour les dirigeables. Mais l'entreprise se révélant trop risquée, elle se transforma en antenne de télécommunication. La plateforme la plus élevée se trouve au 102e niveau, mais vous jouirez de la meilleure vue sur Manhattan au 86e niveau.

20 W 34th St., angle 5th Ave. • (212) 736 31 00 • esbnyc.com • T.l.j. 8h-2h (dernier ascenseur à 1h15) • Entrée : Main Deck (86e niveau) $42 (coupe-file : $78); Main Deck et Top Deck (102e niveau) $75 (coupe-file : $111); Sunrise at ESB pour le lever du soleil (max 50 pers.) $114,81 • Résa en ligne recommandée.

2 Herald Square✦

Ce carrefour bouillonnant draine le flot des *shoppers* vers l'historique Macy's (voir p. 116) et les grandes enseignes Gap, Urban Outfitters ou H&M. Le petit square, idéal pour une pause, abrite l'horloge qui coiffait les bureaux du *New York Herald*, le célèbre journal à sensation qui a donné son nom à la place. Difficile d'imaginer qu'il y a plus d'un siècle, le quartier fourmillait de cabarets et de maisons closes…

3 Koreatown✦✦

Fief de la communauté coréenne, Koreatown – ou Little Korea – rappelle un peu Chinatown, en plus moderne et plus petit, avec son lot d'enseignes scintillantes, de petits restos bon marché, de supérettes exotiques, de karaokés kitsch et de salons de beauté.

Pause coréenne : Woorijip

Dans la rue la plus coréenne de New York, cette cafèt' typique et bon marché offre un buffet gargantuesque de spécialités coréennes. On choisit le format de sa barquette dans laquelle on dépose riz frit au *kimchi*, poulet *teriyaki*, *bibimbap* de bœuf, salade d'algues, haricots mungo, porc aigre-doux… et plein d'autres mets inconnus que les habitués du quartier se feront un plaisir de vous conseiller ! Le tout à accompagner d'une bonne bière coréenne ou d'une liqueur de soju…

70 12 W 32nd St. • (212) 244 11 15 • woorijip32.com • Lun.-mer. 10h-21h, jeu.-sam. 10h-22h • Plat $10 les 450 g.

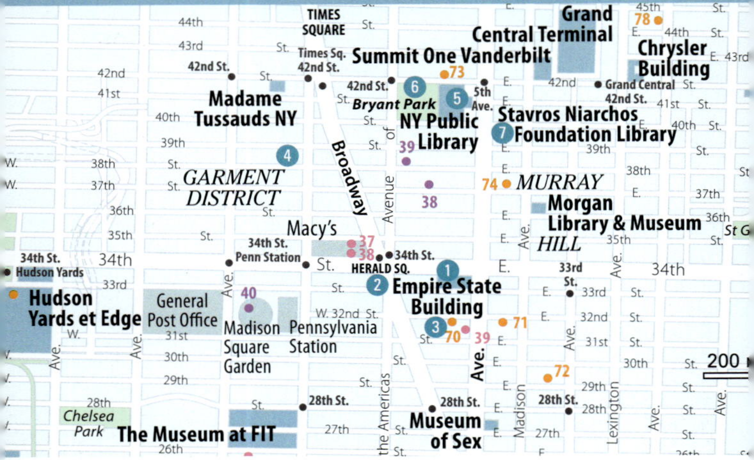

Une bonne option pour déjeuner bon marché dans le quartier et un dépaysement garanti à deux pas d'Herald Square.

Autour de 32nd St. (Korea Way), entre Broadway et 5th Ave.

4 Garment District✦

Dès les années 1920, le quartier se couvre de gratte-ciel pour abriter l'industrie textile, jusque-là confinée aux logements insalubres de Lower East Side et aux lofts de SoHo. Les anciennes usines de confection abritent aujourd'hui studios de créateurs, commerces de gros et de détail, et merceries. Sur 7th Ave., rebaptisée Fashion Avenue, le *Fashion Walk of Fame* rend hommage aux grands créateurs américains.

Entre 9th Ave. et Broadway, 34th St. et 42nd St. • garmentdistrict.nyc

5 New York Public Library✦✦

Deux grands lions veillent sur la plus importante bibliothèque publique du pays, après celle du Congrès de Washington DC. Inauguré en 1911, ce chef-d'œuvre de la période Beaux-Arts abrite la sublime Reading Room, où l'on peut consulter l'un des 11 millions d'ouvrages. Parmi les trésors, une copie de la Déclaration d'indépendance signée de la main de Jefferson.

5th Ave., niveau W 42nd St. • ✆(212) 340 08 63 • nypl.org • Lun. et jeu. 8h-20h, mar.-mer. 8h-21h, ven. 8h-18h, sam. 10h-18h, dim. 10h-17h • Fermé certains j. f., consulter le site Internet • Accès libre.

6 Bryant Park✦✦

Faites comme les étudiants de la Public Library voisine et profitez des pelouses, cafés et kiosques gourmands de Bryant Park, véritable concentré de vie new-yorkaise ! Pour se détendre, coins lecture et jeux de société, boulodrome, ping-pong, carrousel, films et spectacles en été, patinoire en hiver. Tout autour, un bel échantillon de buildings, dont l'American Radiator Building (1924), bijou Arts déco noir et or (40th St.).

Entre 40th et 42nd St., 5th et 6th Ave. • bryantpark.org • Jan.-fév. : lun.-jeu. 7h-22h, ven.-dim. 7h-23h ; mars-mai et sept.-nov. : t.l.j. 7h-22h ; juin-août : t.l.j. 7h-23h ; déc. : lun.-jeu. 7h-23h, ven.-dim. 7h-23h30.

7 Stavros Niarchos Foundation Library✦

Entièrement rénovée entre 2017 et 2020, cette bibliothèque publique est installée dans un bâtiment de 1914 qui a longtemps abrité le célèbre grand magasin Arnold Constable & Co., désormais fermé. Mais c'est surtout pour la nouvelle terrasse sur son toit que la bibliothèque mérite une visite. Aménagée avec quelques tables, elle offre une superbe vue sur les gratte-ciel tout proches de Midtown.

455 5th Ave., angle 40th St. • ☎ (212) 340 08 63 • nypl.org • Lun.-jeu. 8h-21h, ven. 8h-20h, sam. 10h-18h • Accès libre.

Bryant Park

Restos Bistrots

Hangawi

Coréen végétarien 71 Plan B3

Musique douce, serveuses gracieuses, tables basses et petits coussins… Ce délicieux restaurant végétarien de Koreatown est un cocon zen au milieu de la frénésie new-yorkaise. Après avoir laissé vos chaussures à l'entrée, laissez-vous surprendre par une infinité de petits plats aux saveurs exotiques et inattendues. Menu dégustation : $69 par personne (pour deux personnes minimum).

12 E 32nd St., entre 5th Ave. et Madison Ave. • M° 33rd St. • (212) 213 00 77 • hangawirestaurant.com • Lun.-jeu. 17h30-21h30, ven. 12h-14h et 17h30-22h, sam. 13h-22h, dim. 13h-21h30 • Formule lunch $30 (w.-end) ou $20 (sem.), plats midi $10-$23, soir $19-$30, **Emperor's Tasting Menu** ***(5 plats) : $69.***

Marta

Pizzeria 72 Plan B3

Nichée dans le cosy Redbury Hotel, cette pizzeria chic vous fait redécouvrir les pizzas grâce à leur pâte aussi fine que du papier à musique. Marta propose également d'autres plats de viande et de poissons cuits dans l'un des deux fours à bois qui trônent magistralement dans leur cuisine ouverte. Ils ont un bar très agréable.

29 E 29th St., entre Park Ave. et Madison Ave. • M° 28th St. • (212) 651 38 00 • martamanhattan.com • Dim.-jeu. 17h-23h30, ven.-sam. 17h-0h30 (brunch sam.-dim. 12h-15h) • Pizzas $19-$25.

Gabriel Kreuther

Alsacien 73 Plan B3

Le chef alsacien a ouvert en 2015 son propre restaurant gastronomique à Bryant Park et propose une cuisine absolument grandiose. L'Alsace est omniprésente, avec au menu des tartes flambées, de la saucisse au foin ou encore du boudin fait maison. Dans le décor aussi, avec des cigognes au mur et des poutres autour de la superbe salle à manger, clin d'œil aux maisons à colombages alsaciennes.

41 W. 42nd St. • M° 42nd St.-Bryant Park • (212) 257 58 26 • gknyc.com • Lun.-mer et sam. 17h-21h, jeu.-ven. 12h-14h • Menu 3 plats $120 ; 4 plats $145.

Café China

Chinois 74 Plan B3

Café China vous replonge dans le Shanghai des années 1930 avec une cuisine traditionnelle du Sichuan au goût relevé et épicé. Ils ont également une très belle sélection de *dumplings*. C'est l'endroit parfait pour une soirée exotique.

13 E 37th St., entre 5th Ave. et Madison Ave. • M° 33rd St. • ☎ (212) 213 28 10 • cafechinanyc.com • T.l.j. 11h-22h (22h30 jeu.-sam.) • 6 crystal shrimp dumplings : $10.

Bars, clubs Sorties

Top of the Strand

Rooftop 38 Plan B3

Le rooftop bar chic et intimiste du Strand Hotel vous propulse aux premières loges pour contempler l'Empire State Building. La vue y est splendide ! L'idéal est d'y grimper aux beaux jours, quand la verrière est ouverte, et de préférence en semaine, pour éviter l'affluence du week-end, car l'endroit est minuscule.

The Strand Hotel (21e niveau), 33 W 37th St., entre 5th Ave. et 6th Ave. • M° 34th St.-Herald Square • ☎ (646) 368 64 26 • topofthestrand.com • T.l.j. 17h-1h (minuit dim.-lun) • Cocktails $18.

Top of the Strand

Refinery Rooftop Bar

Rooftop 39 Plan B3

Installé dans une ancienne usine à chapeaux du Garment District, le rooftop du Refinery dispose d'une superbe véranda pour admirer les lumières des gratte-ciel voisins, avec une vue panoramique sur l'Empire State Building. Entre ses murs de briques, on rencontre les costumes-cravates du quartier qui se retrouvent pour l'happy hour. Délicieux cocktail 13th Floor Margarita.

63 W 38th St., entre 5th Ave. et 6th Ave. • M° Times Square ou 42nd St. • ☎ (646) 664 03 72 • refineryrooftop.com • Dim.-mer. 11h30-23h, jeu.-sam. 11h30-minuit (brunch sam.-dim. jusqu'à 15h30) • Cocktails $18.

Madison Square Garden

Sport, spectacles 40 Plan A3

Rendez-vous au Garden pour goûter à l'ambiance survoltée d'un match de basket-ball des Knicks ou de hockey sur glace des New York Rangers. L'arène de 20 000 places accueille aussi des combats de boxe, de catch et de grands concerts pop.

4 Pennsylvania Plaza • M° 34th St.-Penn Station • ☎ (212) 465 60 00 • msg.com/madison-square-garden • ticketmaster.com • Box office : lun.-sam. 10h-18h.

Hôtels B&B

Kixby Hotel

Rooftop Plan B3

Idéalement situé, le Kixby Hotel vous accueille dans une ambiance cosy et rétro, typiquement new-yorkaise. Le plus ? Son rooftop, qui offre une vue imprenable sur l'Empire State Building. Situé à un carrefour touristique, cet établissement de standing permet de rejoindre à pied Times Square, 5th Avenue, Madison Square Garden et Broadway, et le métro est accessible à seulement 20 m… *What else ?*

45 W 35th St., entre l'Empire State Building et Bryant Park • M° Herald Square • ✆(212) 947 25 00 • kixby.com • $200-$499.

Shopping Cadeaux

Macy's

Grand magasin 37 Plan B3

Occupant un block entier et 10 niveaux, le célébrissime *department store* revendique le titre de plus grand magasin du monde. Son choix immense, ses prix abordables et ses merveilleuses vitrines de Noël font sa popularité. Créé en 1858 par R. H. Macy, ancien capitaine de baleinière, dont le tatouage, une étoile rouge, est devenu le symbole, Macy's organise chaque année le feu d'artifice du 4 juillet (fête nationale) et la parade de Thanksgiving (voir p. 213).

151 W 34th St., entre Broadway et 7th Ave. • M° 34th St.-Herald Square • ✆(212) 695 44 00 • macys.com • T.l.j. 9h-22h.

Story at Macy's

Concept store 38 Plan A4

Un concept store à l'intérieur de Macy's où toute la boutique est conçue autour d'un seul thème qui change toutes les 4 à 8 semaines (*Love, Wellness, Made in America, Home for the Holidays,* etc.). Vous trouverez des vêtements, des objets de décoration, des produits de beauté, des idées cadeaux en lien avec le thème principal. Il n'y a donc jamais la même chose et le magasin est intégralement renouvelé tous les deux mois.

151 W 34th St. • M° 34th St.-Herald Square • ✆(212) 695 44 00 • macys.com • Dim.-jeu. 11h-20h, ven. 11h-21h, sam. 11h-22h.

J.J. Hat Center

Chapeaux 39 Plan B3

Vous pénétrez dans la plus vieille boutique de chapeaux de New York encore en activité (1911). Dans les vitrines, le légendaire Stetson en feutre, à modeler façon cow-boy ou gangster de la Prohibition, côtoie chapeaux de paille, *trilbys,* bérets (à partir de $75) et autres casquettes en tweed. Jetez un œil à l'atelier au fond de la boutique.

310 5th Ave., entre 31st St. et 32nd St. • M° 33rd St. • ✆(212) 239 43 68 • jjhatcenter.com • Lun.-sam. 11h-18h.

LES INCONTOURNABLES MODE ET BEAUTÉ

Des produits de beauté rétro ou tendance, des grands magasins où trouver les marques célèbres à prix réduits, des concept stores : voici une petite sélection pour une touche d'élégance à la new-yorkaise.

Macy's

Nars

La marque de cosmétiques haut de gamme pour toutes celles à la recherche de blushs et de mascaras hyper tendance.

Voir p. 46, quartier 3, De TriBeCa à SoHo.

C.O. Bigelow

La plus ancienne pharmacie de la ville, où vous dénicherez des produits de beauté rétro.

Voir p. 89, quartier 7, Greenwich Village et West Village.

Marshalls

Ce grand magasin discount propose vêtements et accessoires de marque à prix réduit.

Voir p. 100, quartier 8, Chelsea, Meatpacking et Hudson Yards.

Macy's

Sur 10 niveaux, un choix gigantesque et des prix bien plus abordables que ceux de Bloomingdale's. Un must !

Voir p. 116, quartier 10, L'Empire State Building et ses environs.

Story at Macy's

L'originalité de ce concept store tient dans le fait qu'il se renouvelle sans cesse autour d'un thème chaque fois différent. De quoi nous faire tourner la tête !

Voir p. 116, quartier 10, L'Empire State Building et ses environs.

Victoria's Secret

L'incontournable marque de lingerie populaire et très sexy des New-Yorkaises.

Voir p. 129, quartier 11, De Times Square à Fifth Avenue.

LES GRATTE-CIEL NEW-YORKAIS

New York est indissociable de ses *skyscrapers*. Fruit d'une étroite coopération entre l'art et l'avancée technologique, le gratte-ciel est un véritable témoignage de son époque. Classicisme, Arts déco, architecture postmoderne... Voici toutes les clés pour les décrypter.

La skyline et le One WTC

L'ascenseur et le métal : la base des gratte-ciel

Le gratte-ciel apparaît à partir de **1880** dans les deux plus importants centres urbains américains de l'époque : **New York** et **Chicago.** Au lendemain de la guerre de Sécession, les villes du Nord-Est et du Midwest, déjà prospères et dynamiques, croissent en effet de façon vertigineuse en raison de l'afflux de nouveaux arrivants. Avec **l'invention de l'ascenseur** et celle de l'ossature métallique qui permet une construction légère, les gratte-ciel peuvent désormais s'élever dans le ciel.

Les premiers édifices

Dès le début du siècle dernier, New York témoigne de réalisations impressionnantes, comme le **Flatiron Building** (p. 102), colonne majestueuse construite par **Burnham** en 1902 à l'angle de Broadway et de 5th Ave. Ce style, encore plein de retenue, laisse place, à l'aube du XXe s., à des constructions qui se parent de décors inspirés de l'Antiquité ou d'éléments gothiques.

Le triomphe du style Arts déco

Dans les années 1920, c'est le boom de la construction. Le style Arts déco s'impose et donne aux nouveaux gratte-ciel plus d'éclat et d'élégance. New York transpose les rythmes et les couleurs du jazz dans son architecture. Les gratte-ciel s'habillent de **motifs décoratifs répétitifs** où l'on recherche les effets de symétrie. Un des plus beaux immeubles de cette époque, le **Chrysler Building** (p. 133), est entièrement revêtu de plaques d'acier inoxydable.

Le style international

Après la Seconde Guerre mondiale, la construction des gratte-ciel s'accélère. Les matériaux tels que **l'acier, le verre et l'aluminium** permettent l'apparition du mur-rideau et des compositions plus régulières et dépouillées, qui proscrivent les motifs décoratifs et les ornements : c'est le **style international**, qui règne à Tokyo, à la Défense ou à Rio. New York compte de nombreux gratte-ciel de ce genre, comme le **Lever House** (1952), premier building en verre de la ville, sur Park Ave. (au n° 390), ou le **Seagram Building** (1958), de Mies van der Rohe.

Le clin d'œil postmoderne

En réaction au style international froid et sec, le postmodernisme des années 1980 joue avec les **formes insolites**, réintroduit des **éléments décoratifs**, des **matériaux nobles** et des **allusions au passé** avec un certain goût du tape-à-l'œil (World Financial Center à Battery Park). Une nouvelle ère, plus audacieuse, s'ouvre à la fin des années 1990 avec la tour LVMH du Français Christian de Portzamparc et les *twins* du Time Warner Center (p. 138).

Archi design

Les plus grands architectes se bousculent pour dessiner la *Big Apple* du XXIe s., prise de **fièvre design et écolo.** Le 8 Spruce Street et l'IAC Building de Franck Gehry (p. 96), Vision Machine de Jean Nouvel (p. 96), le New Museum (p. 62), le New York Times Building de Renzo Piano (p. 121) et le One World Trade Center de David Childs (p. 34), plus haute tour du monde occidental (541 m), sont les icônes de ce **renouveau architectural post-11-Septembre.** ■

Skyscraper Museum

À deux pas de One WTC, ce modeste musée du Gratte-ciel plaira aux amoureux de la *skyline* new-yorkaise et des tours toujours plus hautes dont Chicago et New York se disputent l'invention. Dans une présentation compacte, mais très riche en photos, documents et maquettes, le musée retrace l'histoire du gratte-ciel, du *cast-iron building* aux nouvelles tours très étroites et longilignes – les *slenders* – qui hérissent le ciel de New York, en passant par les exploits de l'Asie et du Golfe Persique (notamment les 829,5 m de la Burj Khalifa de Dubai). Géniale librairie très bien fournie.

39 Battery Place, entre Little W St. et 1st Place (plan B6) • M° Bowling Green • ✆(212) 968 19 61 • skyscraper.org • Jeu.-sam. 12h-18h • Entrée : $5.

DE TIMES SQUARE À FIFTH AVENUE

11

Préparez-vous au bain de foule dans Midtown West : un quartier de légende ! Entre les enseignes des théâtres de Broadway et les écrans géants de Times Square, vous ne saurez plus où donner de la tête. Laissez-vous happer par l'effervescence de 5th Avenue, ses magasins de luxe et *department stores* légendaires, entre les fabuleuses collections du MoMA et les vitrines étincelantes de Diamond Row.

Top of the Rock

1 Times Square✦✦✦

Avec sa profusion de *billboards* projetant publicités, émissions de télévision et animations, le « Carrefour du monde » est encore plus féerique de nuit : postez-vous en haut des escaliers rouges du kiosque TKTS (voir p. 131) et profitez du spectacle ! Dans les années 1920, on le surnommait le « Great White Way » (l'Avenue blanche), tant les enseignes électriques des théâtres et des music-halls brillaient de milliers d'ampoules blanches. Depuis le nettoyage des années 1990, les peep-shows ont laissé place aux temples de la consommation : Disney Store, Planet Hollywood, Hard Rock Café, M&M's World...

Broadway, entre W 42nd St. et W 47th St. • timessquarenyc.org

2 One Times Square✦

Ancien QG du journal *New York Times*, qui a donné son nom au quartier, ce gratte-ciel couvert de panneaux publicitaires est le plus célèbre de Times Square.

Times Square

Son inauguration, le 31 décembre 1904, donna lieu à un feu d'artifice grandiose. Depuis, les New-Yorkais s'y retrouvent pour le décompte du Nouvel An. Le *New York Times* occupe aujourd'hui une tour de Renzo Piano, à l'habillage métallique spectaculaire, à l'angle de 8th Ave. et 41st St.

47th St., entre Broadway et 7th Ave.

③ Theater District✦✦

New York sous les feux de la rampe ! Illuminé d'enseignes clinquantes, le quartier des théâtres réunit une quarantaine de salles prestigieuses où sont donnés les fameux *Broadway shows.* Si vous êtes fan de comédies musicales *(musicals),* offrez-vous une place de spectacle

Pause salad bar : Mangia

Mangia est le *salad bar* par excellence, un concept typique de New York. Le principe ? Un buffet où vous avez le choix entre sandwichs, pizzas, plats chauds et salades à composer vous-même. Tout est très bon, et le choix est colossal.

75 ***50 W 57th St., entre 5th Ave. et Ave. of the Americas • ☎(212) 582 58 82 • mangia.nyc • Lun.-ven. 7h-18h • Sandwichs $8,50-$12,50, plats chauds $12-$21, assiette composée env. $13 les 500 g.***

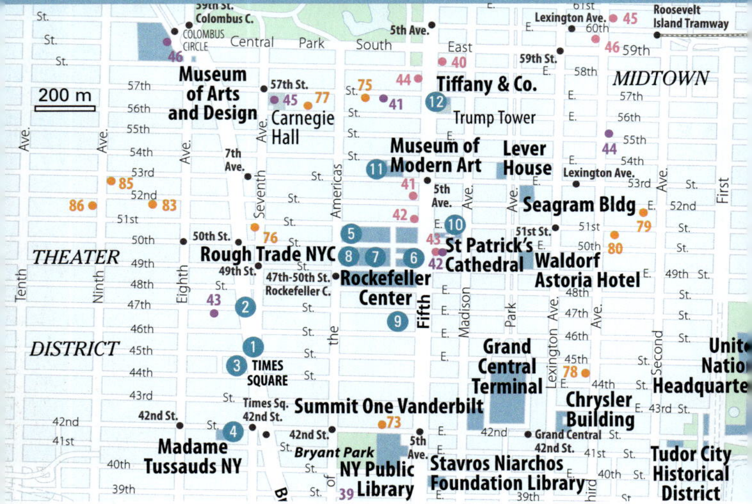

auprès d'un kiosque TKTS (voir p. 131). En sortant, vous ne résisterez pas à l'envie de danser !

4 Madame Tussauds New York✦✦

Le fameux musée de cire londonien version *Big Apple* propose différents tableaux. Parmi eux, l'*A-List* met en scène des stars américaines (Anne Hathaway, Scarlett Johansson) lors d'un cocktail. Vous pourrez aussi poser avec Marilyn Monroe et Woody Allen dans *The Spirit of New York*, avec Lady Gaga dans la *Music Room*, ou avec Barack Obama derrière le bureau ovale. Sans oublier l'expérience ciné en 4D avec les super-héros de Marvel !

234 W 42nd St., entre 7th et 8th Ave. • ☎(212) 512 96 00 • madametussauds.com • Dim.-jeu. 11h-18h, ven.-sam. 11h-20h • Entrée : $36-$42 en ligne, $37-$47 sur place.

5 Radio City Music Hall✦✦

Parmi les lieux légendaires de Midtown, ce superbe cinéma Arts déco de 6 000 places, inauguré en 1932 en présence de Clark Gable et Charlie Chaplin, s'est reconverti en salle de spectacle : concerts et shows populaires, soirée des Grammy Awards, etc. Les Rockettes et leur célèbre jeté de jambes créent chaque année l'événement au moment de Noël : le *Christmas Spectacular* est suivi par un million de téléspectateurs.

1260 6th Ave., entre W 50th et W 51st St. • (212) 465 60 00 • msg.com/radio-city-music-hall • Visite guidée : $31, t.l.j. 9h30-17h (toutes les 30 min).

6 Rockefeller Center✦✦✦

Financé par John D. Rockefeller Jr pendant la grande dépression des années 1930, l'immense complexe de bureaux, de commerces et de loisirs (le premier d'Amérique !) regroupe 18 buildings et une galerie marchande souterraine. Il aura fallu 40 000 ouvriers pour ériger cette « ville dans la ville » ! Au centre, le GE Building, chef-d'œuvre Arts déco, abrite les studios de la chaîne NBC et l'observatoire Top of the Rock. En hiver, la patinoire et le sapin de Noël attirent les foules sur Rockefeller Plaza, ornée de la célèbre statue de Prométhée.

30 Rockefeller Plaza, de W 48th St. à W 51st St., entre 5th et 6th Ave. • (212) 588 86 01 • rockefellercenter.com • T.l.j. 7h-minuit **Visite guidée du Rockefeller Center :** *(212) 698 20 00; topoftherock nyc.com; t.l.j. 10h-19h30 (toutes les 30 min sauf 18h et 18h30); entrée $25; ticket Rock Pass (combiné avec Top of the Rock) $52.* **Visite guidée des studios NBC :** *(212) 664 37 00; thetouratnbcstudios.com; lun.-jeu. 8h20-14h20 (ven. jusqu'à 17h), sam.-dim. 8h20-18h (ttes les 20 min);* ***fermé jusqu'à nouvel ordre****; entrée : $33.*

7 Top of the Rock✦✦✦

À faire absolument ! La plateforme d'observation du Rockefeller Center (70e niveau) offre sur la

Rockefeller Center

ville un panorama à couper le souffle, avec une vue plongeante et unique sur Central Park. Tout aussi spectaculaire, l'ascenseur au plafond transparent donne une sensation de vertige inversé ! Séance de photomontage en option pour reproduire le célèbre cliché des ouvriers du Rockefeller déjeunant sur une poutre dans le vide.

30 Rockefeller Plaza, entrée 50th St. • (212) 698 20 00 • topoftherocknyc.com • T.l.j. 10h-22h (dernier ascenseur à 21h10) • Entrée : $38, $48 à l'heure du coucher de soleil.

8 Rough Trade NYC✦✦

Référence absolue pour les amateurs de musique indé, le célèbre disquaire londonien possède une boutique au cœur de New York, à deux pas de Radio City. Plus qu'un magasin de disques, on y trouve un rayon livres bien fourni et on peut y siroter un café. Rough Trade organise aussi des événements et concerts avec le Rockefeller Center et accueille des séances de dédicace.

30 Rockefeller Plaza 6th Ave. • ☏(718) 664 11 10 • roughtrade.com • T.l.j. 10h-20h.

9 Diamond District✦

Le plus grand marché aux diamants du monde ! 90 % des diamants arrivant sur le sol américain passent par le quartier des diamantaires, où ils sont taillés et revendus. Créateurs, artisans, revendeurs, cette portion de 47th St. concentre quelque 2 600 enseignes liées à la bijouterie de luxe. Un déferlement de pierres précieuses, perles, bijoux en or ou en platine, et de pièces vintage.

47th St., entre 5th et 6th Ave. • diamonddistrict.org

10 St Patrick's Cathedral✦✦

La plus célèbre église de New York est aussi la plus grande cathédrale catholique des États-Unis ! Œuvre de James Renwick Jr, son architecture néogothique (elle fut achevée en 1878)

St Patrick's Cathedral

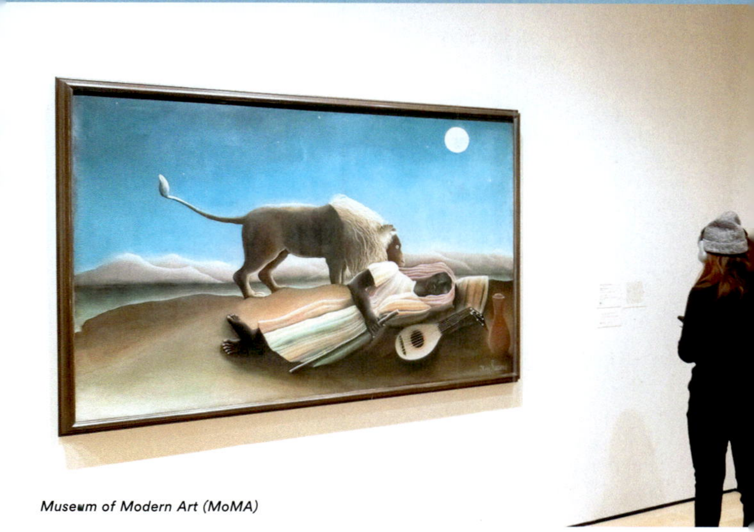

Museum of Modern Art (MoMA)

rappelle celle des cathédrales européennes. La plupart des vitraux ont été réalisés par des artisans de Chartres et de Nantes.

5th Ave., entre E 50th et E 51st St. • (212) 753 22 61 • saint patrickscathedral.org • T.l.j. 6h30-20h45 • Visites guidées (payantes) t.l.j. 9h-17h • Audioguide en français : $20.

11 Museum of Modern Art (MoMA)✦✦✦

Le vieux MoMA est mort, vive le nouveau ! L'un des plus beaux musées de New York, riche de plus de 100 000 œuvres, s'est agrandi d'une nouvelle aile et propose une muséographie totalement renouvelée. Rassurez-vous, Miró, Picasso, Matisse, Van Gogh, Giacometti, Rodtchenko et les autres sont toujours là...

1er, 3e et 6e niveaux

À bas les cloisonnements, les accrochages par périodes et par médias ! Prenez le meilleur de l'art contemporain, placez-le en regard des premiers chefs-d'œuvre de l'art moderne, mêlez la peinture aux installations, la sculpture aux performances live, ajoutez une bonne dose d'artistes féminines, tout en réévaluant le rôle des artistes noirs, latinos et asiatiques, tout cela dans des expositions renouvelées plusieurs fois par an... et vous obtenez non pas une mais de multiples histoires de l'art moderne !

Avant de démarrer la visite, attardez-vous au 1er niveau (rez-de-chaussée), accessible gratuitement. Il abrite le Jardin des sculptures qui détient, entre autres, un superbe *Balzac* de Rodin, ainsi que la boutique du musée, où sont vendus des objets design. Pour assister aux projections proposées par le Film Center, il faut se munir d'un billet vendu séparément.

Une collection remixée (2e, 4e et 5e niveaux, David Geffen Wing)

Ces 3 niveaux conservent une présentation par périodes et par courants. L'impressionnisme est présent, avec une salle entièrement consacrée à Claude Monet. Vous y verrez le célèbre triptyque *Les Nymphéas* avec ses jeux de couleurs. Les œuvres postimpressionnistes, telles que *Le Ciel étoilé* de Van Gogh, montrent l'importance donnée aux mouvements et aux couleurs. Ne manquez surtout pas *Les Demoiselles d'Avignon*, œuvre inspirée de l'art africain, avec laquelle Picasso donna naissance au cubisme. Côté pop art, laissez-vous séduire par la *Marylin Monroe dorée* d'Andy Warhol et l'œuvre *Flag* de Jasper John, qui représente le drapeau américain aux quarante-huit étoiles. Au fil de la visite, Basquiat, Munch, Duchamp, et tant d'autres vous feront découvrir l'évolution de la peinture.

Sculpture et photographie

Le musée regorge d'œuvres de Bourdelle, Giacometti, César, Noguchi... Mais ne manquez sous aucun prétexte celles de Brancusi *(L'Oiseau dans l'espace)*.

La collection de photographies du musée est l'une des plus riches au monde, avec plus de 25 000 travaux datant de 1840 à nos jours. Vous y trouverez des clichés d'artistes comme Stieglitz, Arbus, Cartier-Bresson, ainsi que de sublimes nus sur pellicule d'argent par Man Ray.

11 W 53rd St., entre 5th et 6th Ave. • (212) 708 94 00 • moma.org • T.l.j. 10h-17h30 (21h ven.), fermé Thanksgiving et Noël • Entrée : $25 (gratuit ven. 17h30-21h).

12 Tiffany & Co.✦✦

La boutique d'articles de luxe, ouverte par Charles Lewis Tiffany en 1837, entre dans la légende avec son fils, Louis Comfort Tiffany, créateur de lampes et de sensationnels bijoux Art nouveau. Entre les rivières de diamants et les créations d'Elsa Peretti, Paloma Picasso ou Franck Gehry, vous trouverez également des bijoux à moins de $150 pour tous ceux qui rêvent de repartir avec la fameuse petite boîte bleue. Et rien ne vous empêche de jouer les Audrey Hepburn dans *Breakfast at Tiffany's* !

6 E 57th St., angle 5th Ave. • (212) 755 80 00 • tiffany.com • Lun.-sam. 10h-20h, dim. 11h-19h.

Restos Bistrots

Ellen's Stardust Diner

Diner musical 76 Plan B3

Pour profiter d'un mini-Broadway show gratuit, entrez dans ce célèbre *diner* où les serveurs poussent la chansonnette dans un décor typique des années 1950. Vous découvrirez peut-être les futures étoiles de Broadway tout en grignotant vos *crispy wings* ! L'adresse est très populaire et sans réservation, alors attendez-vous à faire la queue.

1650 Broadway, angle 51st St. • M° 50th St. ou 49th St. • ✆(212) 956 51 51 • ellensstardustdiner.com • T.l.j. 7h-minuit • Salades $16,50-$18,50, sandwichs $16,50-20,95.

Burger Joint

Burgers 77 Plan B2

Caché derrière un rideau dans le hall de l'hôtel Parker, ce fast-food de poche attire chaque jour une foule de gourmands avec ses excellents burgers. L'attente peut être très longue, alors, petit conseil, faites votre choix avant d'arriver au comptoir, sinon vous risquez de retourner dans la queue ! Également une autre adresse à Brooklyn.

*Hôtel Parker, 119 W 56th St., entre Ave. of the Americas et 7th Ave. • M° 57th St. • ✆(212) 708 74 14 • burgerjointny.com • Dim.-jeu. 11h-23h30, ven.-sam. 11h-minuit ; **fermé jusqu'à nouvel ordre** • Burgers $9,5-$17,50, frites $5.*

Autre adresse à Brooklyn : *220 36th St., Suite B1145 • M° 36th St. • ✆(718) 801 83 93 • Lun.-mer. 12h-16h, jeu. 12h-20h, ven.-sam. 12h-22h, dim. 12h-19h.*

Bars, clubs Sorties

LiFE

Rooftop 41 Plan B2

Perché au sur le toit de l'hôtel Le Meridien, ce bar offre une

Ellen's Stardust Diner

vue époustouflante sur Central Park. Deux espaces : un lounge et une terrasse qui offre un superbe panorama sur le sud de Central Park, le gratte-ciel One57, l'Essex House et les tours jumelles de Colombus Circle. Côté cocktails, on part sur du glamour et du coloré. Grandiose !

124 W 57th St., entre 6th et 7th St. • M° 57th St. • (212) 707 80 08 • liferooftop.com • Dim. et mar. 16h-minuit, mer.-sam. 16h-2h • Cocktails $18.

Le Chalet

Bar à cocktails 42 Plan B3

Méconnu des touristes, le Chalet se trouve au 8e niveau du légendaire magasin Saks (voir p. 130). Le décor, inspiré d'un chalet suisse, a été réalisé par l'architecte et designer star Philip Stark. Ce bar à cocktails chic est surtout fréquenté par les clients du magasin de luxe, autant vous dire que vous y croiserez tout le gratin new-yorkais ! La vue sur la cathédrale St Patrick et le Rockefeller Center est un vrai plus.

8 E 50th St., angle 5th Ave. • M° 5th Ave.-53rd St. • (212) 940 40 99 • saksfifthavenue.com • Dim.-lun. 11h30-16h, mar.-sam. 11h30-21h • Cocktails à partir de $18.

Infos Covid-19

Compte tenu du contexte sanitaire, de nombreuses adresses sont amenées à restreindre leur ouverture et à s'adapter à la situation. Nous vous recommandons de vérifier leurs horaires sur leur site Internet ou leur page Facebook.

The Rum House

Bar jazz 43 Plan A3

Boiseries et bar en cuivre pour ce piano-bar où cocktails caribéens ou *old-fashioned* sont savamment mixés. Des concerts de jazz animent les lieux tous les soirs.

228 W 47th St., entre Broadway et 8th Ave. • M° 49th St. • (646) 490 69 24 • therumhousenyc.com • Mer.-dim. 16h-minuit (happy hour mer.-dim. 16h-18h) • Rhum à partir de $12.

Hôtels B&B

414 Hotel

Boutique-hôtel Plan A3

Ce charmanthôtel occupe deux *townhouses* décorées avec goût. La plupart des chambres donnent sur une jolie cour fleurie offrant le luxe inestimable du silence à New York.

414 W 46th St., entre 9th et 10th Ave. • M° 50th St. • (212) 399 00 06 • 414hotel.com • $200-$469.

Yotel

High-tech Plan A3

Dans l'esprit des hôtels capsules japonais, cet hôtel offre, de

Apple Fifth Avenue

la simple cabine à la suite VIP, des vues époustouflantes sur Manhattan et la plus grande terrasse de la ville.

570 10th Ave., angle W 42nd St. • M° 42nd St. • (646) 449 7700 • yotel.com • $149-$419.

Shopping Cadeaux

Apple Fifth Avenue

Informatique 40 Plan B2

De tous les Apple Stores qui ont fleuri dans la *Big Apple*, celui de Fifth Avenue est le plus célèbre. Les images des files immenses de fans qui se forment à chaque sortie d'un nouveau produit ont fait le tour de la planète. Signalé par un grand cube vitré dans lequel flotte la pomme blanche, le magasin abrite toutes les gammes d'iPod, iPhone, iPad, etc.

767 5th Ave., angle 58th St. • M° 5th Ave. ou 59th St. • (212) 336 14 40 • apple.com • T.l.j. 24h/24.

Hollister

Mode 41 Plan B2

Si vous êtes adepte du style vestimentaire californien, Hollister est la boutique qu'il vous faut ! Moins cher qu'Abercrombie & Fitch mais toujours dans le même esprit, vous y trouverez vêtements et accessoires branchés.

668 5th Ave., entre W 52nd et W 53rd St. • M° 5th Ave.-53rd St. • (646) 924 25 56 • hollisterco.com • T.l.j. 10h-20h.

Victoria's Secret

Lingerie 42 Plan B2-3

Victoria's Secret est la marque de lingerie la plus populaire des États-Unis. Des ensembles ultrasexy ou en coton fleuri, de très beaux bodys, un joli choix de guêpières et une gamme très variée de déshabillés dans des matières actuelles. À partir de $44,50 pour un soutien-gorge et $49,50 pour une nuisette.

640 5th Ave. angle 51st St. • M° 5th Ave.-53rd St. • (646) 495 28 67 • victoriassecret.com • Lun.-sam. 11h-20h, dim. 12h-19h.

Saks Fifth Avenue

Saks Fifth Avenue

Grand magasin — 43 Plan B3

Saks remporte la palme de l'élégance avec ses 10 niveaux de prêt-à-porter de luxe et de haute couture. Là encore, un magasin légendaire où une clientèle exigeante s'habille avec la crème *fashion* (Marc Jacobs, Ralph Lauren, Rag & Bone, etc.) sur les conseils pointus du personnel. Il faut grimper au 8e niveau pour découvrir le superbe espace dédié aux chaussures de créateurs, « 10022-SHOE ».

611 5th Ave., entre 49th et 50th St. • M° 5th Ave.-53rd St. • (212) 753 40 00 • saksfifthavenue.com • Lun.-sam. 11h-19h, dim. 12h-18h.

Bergdorf Goodman

Grand magasin — 44 Plan B2

Associé à l'Alsacien Herman Bergdorf en 1901, le couturier Edwin Goodman fut le premier à introduire le prêt-à-porter aux États-Unis. Sur les pas de Grace Kelly et de Jackie Kennedy, on pénètre dans ce temple du haut de gamme, célèbre pour son service irréprochable, son *shoe salon* et ses vitrines de Noël spectaculaires. En face du magasin principal, installé depuis 1928 à l'emplacement du manoir Vanderbilt, Bergdorf Goodman Men (no 745) est dédié aux messieurs.

754 5th Ave., angle 58th St. • M° 5th Ave.-59th St. • (212) 753 73 00 • bergdorfgoodman.com • Lun.-sam. 11h-19h, dim. 11h-18h.

VOIR AUSSI p. 124 ET p. 126 :

Rough Trade NYC Plan B3

Tiffany & Co. Plan B2

UN TICKET POUR BROADWAY

Des billets à prix réduits pour les Broadway shows et Off-Broadway sont disponibles pour le soir même ou les matinées du lendemain aux kiosques TKTS. Arrivez au moins 1h avant l'ouverture pour être sûr d'avoir des places !

TKTS Times Square

W 47th St., entre Broadway et 7th Ave. (A3) • M° 49th St. • tdf.org • Pour les spectacles en soirée, lun. et mer.-sam. 15h-20h, mar. 14h-20h, dim. 15h-19h ; pour les spectacles en matinée, mer.-jeu. et sam. 10h-14h, dim. 11h-15h. File Play Express *pour les productions non musicales, plus rapide.*

Enseigne du Majestic Theater

TKTS Lincoln Center

61 W 62nd St. (David Rubenstein Atrium), entre Broadway et Columbus Ave. • M° 66th St. • Lincoln Center • Lun.-sam. 12h-19h, dim. 12h-17h.

TKTS South Street Seaport

190 Front St., angle Front et John St. (B6) • M° Fulton St. • Lun.-sam. 11h-18h.

Les sites **theatermania.com**, **tdf.org** et **travelzoo.com** proposent des discounts jusqu'à 50 % sur certains spectacles.

Pistez les ***Twofers*** (deux places pour le prix d'une) et les **coupons de réduction** dans les journaux, à l'office de tourisme et dans les hôtels.

Enfin, sachez que des **places de dernière minute** bradées à $20-$40 *(rush tickets)* sont parfois proposées au guichet des théâtres.

GRAND CENTRAL ET SES ENVIRONS 12

Cette portion de Midtown East fourmille de lieux emblématiques. La plus ancienne gare de New York y côtoie quelques-uns des plus beaux gratte-ciel Arts déco de la ville, dont les merveilleux Chrysler Building et General Electric Building, mais aussi des hôtels de luxe historiques, des résidences aux airs de petit palais et des tours de verre années 1950, dont Seagram Building, Lever House et l'imposant building de l'ONU signé Le Corbusier. Une balade en or pour les mordus d'architecture !

Chrysler Building

1 Grand Central Terminal✦✦✦

Ouverte en 1913, la gare de Grand Central est un petit bijou d'architecture Beaux-Arts que l'on ne pense pas toujours à visiter. Le Grand Hall, avec sa peinture au plafond représentant la constellation du zodiaque d'hiver, est très impressionnant. Ses galeries abritent des boutiques, le Grand Central Market, très apprécié des New-Yorkais, et des restaurants. Au sous-sol, le mythique Grand Central Oyster Bar côtoie les fast-foods du Dining Concourse (Shake Shack entre autres).

E 42nd St., angle Park Ave. • Infos et résa : grandcentralterminal.com • Visite audioguidée (guichet du Grand Hall) : t.l.j. 9h-18h, $12 • Visite guidée (guichet du Grand Hall) : ☏(212) 464 8255 • nycdocentour.com • T.l.j. à 12h30, $30 • Marché : lun.-ven. 8h-19h, sam.-dim 11h-17h.

Grand Central Terminal

② Chrysler Building✦✦✦

Conçu par l'architecte William Van Alen et construit entre 1928 et 1930, il devint le building le plus haut du monde (320 m) jusqu'à ce que l'Empire State vienne le détrôner un an plus tard. C'est un véritable chef-d'œuvre de style Arts déco. La partie supérieure, avec sa flèche haute de près de 60 m, symbolise toute la beauté et la puissance de l'œuvre.

405 Lexington Ave., angle 42nd St. • Hall en accès libre, lun.-ven. 8h-18h.

Pause gourmande : Little Collins

Arrêtez-vous dans ce petit café australien et laissez-vous guider par l'odeur des grains fraîchement moulus. Que vous preniez votre café serré, allongé, *latte* ou frappé, vous n'aurez que l'embarras du choix. Ils servent également le petit déjeuner et le déjeuner. Nous vous conseillons The Smash, un toast généreusement tartiné d'avocat et agrémenté de feta, menthe et graines de courge. Un délice !

78 ***708 3rd Ave., entre 44th St. et 45th St. • ☏ (917) 463 3388 • littlecollinsnyc.com • Lun.-ven. 7h-16h, sam.-dim. 8h-16h •*** **Avocado toast** ***(The Smash) $11,30.***

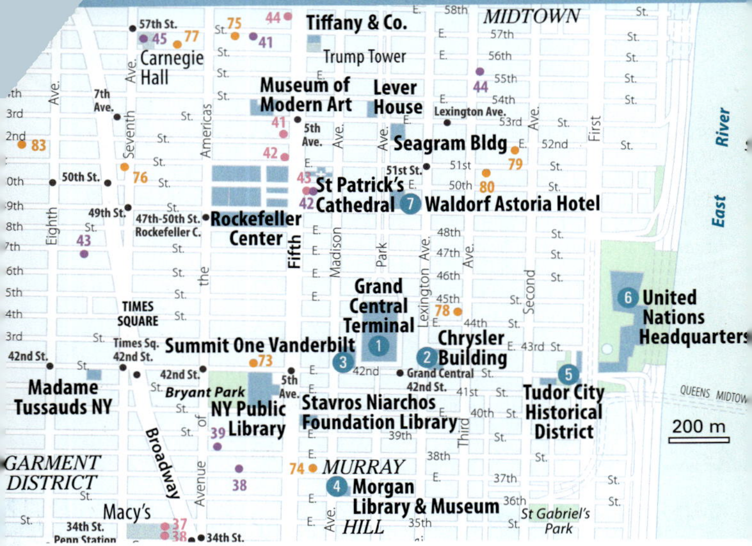

③ SUMMIT One Vanderbilt✦✦✦

C'est la nouvelle plateforme d'observation de New York, installée au 91ᵉ niveau de la tour One Vanderbilt, et elle est incroyable ! Perché à 320 m de hauteur, on voit la ville sous tous les angles et on profite notamment d'une vue exceptionnelle sur le Chrysler Building tout proche. Mais le panorama n'est pas le seul atout de SUMMIT : ses multiples pièces et étages offrent des jeux de miroirs et de transparence qui viennent sublimer cette expérience immersive et très interactive. Partout, nuages et gratte-ciel semblent se refléter à l'infini. En optant pour SUMMIT Ascent, on emprunte un ascenseur entièrement vitré installé sur l'une des façades de la tour, qui atteint les 364 m en une minute. De là-haut, la vue est encore plus vertigineuse. Époustouflant !

45 E 42nd St., entrée visiteurs au niveau du Grand Hall (Main Concourse) de Grand Central Terminal • ☎ (877) 682 14 01 • summitov.com • Jeu. 15h-21h, ven.-sam. 9h-22h30, dim. 10h-17h30 • Entrée : SUMMIT Experience (accès aux 91e, 92e et 93e niveaux) $39 en journée, $49 au coucher du soleil; SUMMIT Ascent (accès + Ascent) $59 en journée, $69 au coucher du soleil; Ultimate SUMMIT (accès + Ascent + cocktail) $73 en journée, $83 au coucher du soleil • Résa en ligne obligatoire.

4 Morgan Library & Museum**

Agrandi en 2006 par Renzo Piano, ce palais néorenaissance a été construit en 1902 pour le banquier John Pierpont Morgan, afin d'abriter sa précieuse collection de livres rares (papyrus égyptiens, manuscrits enluminés, imprimés Renaissance, etc.) et d'œuvres d'art (dessins et gravures de maîtres), exposés par roulements. Clou de la visite, la bibliothèque (East Room) renferme la Bible de Gutenberg de 1455 et des partitions originales de Mozart.

225 Madison Ave., angle 36th St. • (212) 685 00 08 • the morgan.org • Mer.-dim. 10h30-17h; fermé Thanksgiving, Noël et j. de l'An • Entrée : $22 (gratuit ven. 14h-17h).

5 Tudor City Historical District*

Ce quartier fait partie des curiosités de New York. Conçu entre 1925 et 1929, il doit son nom au style architectural de la dynastie anglaise des Tudors (1485-1603). Ces 12 immeubles, bâtis autour d'un charmant jardin, donnent l'impression d'être dans un palace de Hampton Court en Angleterre ! Considéré comme une « ville dans la ville », Tudor City est un petit havre de paix.

D'E 40th à E 43rd St., entre 1st et 2nd Ave.

Tudor City Building

6 United Nations Headquarters✦✦✦

Achevé en 1952, le quartier général des Nations unies est composé de plusieurs bâtiments, dont une magistrale tour vitrée : la Secretariat Building. La visite guidée offre l'occasion de découvrir des lieux aussi mythiques que le General Assembly Hall. Des expositions thématiques sur des sujets sensibles sont présentées, ainsi que divers objets d'art venus des différents pays membres de l'Organisation.

Entrée visiteurs 1st Ave., niveau 46th St.
• ☎(212) 963 86 87 • un.org/visit
• **Visitor Center** *: t.l.j. 9h-16h45; fermé certains j. f., consulter le site Internet; accès libre.*
• **U.N. Headquarters** *: visite guidée obligatoire (résa en ligne uniquement, existe en français) : lun.-ven. env. 9h30-16h45, arriver au moins 1h en avance pour le contrôle de sécurité; $22, interdit aux moins de 5 ans.*

7 Waldorf Astoria Hotel✦✦

Le hall de cet hôtel légendaire, inauguré en 1931, est un magnifique témoignage du style Arts déco new-yorkais. De nombreux films y ont été tournés ainsi que des scènes des séries *Mad Men* et *Gossip Girl.* Il faudra cependant attendre encore un peu avant d'y pénétrer de nouveau car il est actuellement fermé pour rénovation et restauration complètes.

301 Park Ave., entre E 49th et E 50th St.

Restos Bistrots

Totto Ramen

Japonais 79 Plan B2

Totto Ramen est tout simplement l'un des meilleurs restaurants de soupes japonaises *(ramen)* de la ville. Si vous êtes fan de piquant, commandez la *spicy ramen*, c'est la plus demandée ! Vous pourrez l'accompagner de *char siu pork bun* (bun au porc vapeur) ou de poulet frit. Les adeptes sont nombreux… Il vaut mieux arriver tôt.

248 E 52nd St., entre 2nd et 3rd Ave.
• M° 51st St. • ☎(212) 421 00 52 • tottoramen.com • T.l.j. 11h30-21h • **Ramen** *$13-$19.*

Ess-a-Bagel

Bagels 80 Plan B3

Voici une excellente adresse pour déguster les bagels ! Plusieurs saveurs : nature *(plain)*, complet, graines de pavot *(poppy seed)* ou oignons. Idéal en sandwich avec le célèbre *cream cheese*-saumon

Infos Covid-19

Compte tenu du contexte sanitaire, de nombreuses adresses sont amenées à restreindre leur ouverture et à s'adapter à la situation. Nous vous recommandons de vérifier leurs horaires sur leur site Internet ou leur page Facebook.

(lox) ou avec des mariages plus inattendus comme olive-tofu. À savourer sur place ou à emporter !

831 3rd Ave • M° 51st St. • (212) 980 10 10 • ess-a-bagel.com • T.l.j. 6h-17h • Bagel nature $1,55, avec garniture $3,75-$17.

Bars, clubs Sorties

P.J. Clarke's

Saloon 44 Plan B2

On vient respirer l'atmosphère du vieux New York dans ce *saloon* légendaire de 1884. Le chanteur Buddy Holly y a demandé sa femme en mariage, Frank Sinatra y finissait ses nuits à la table 20, Nat King Cole s'enflammait pour le burger maison et Jackie Kennedy y déjeunait le samedi…

915 3rd Ave., angle E 55th St. • M° 59th St. et Lexington Ave. • (212) 317 16 16 • pjclarkes.com • Lun.-sam. 12h-20h, dim. 17h-22h • Bières $6-$10.

Hôtels B&B

Pod 39

Rooftop Plan B3

Des chambres douillettes, design et connectées, dans un building de briques de 1918. Bar lounge sur le toit avec vue sur l'Empire State.

145 E 39th St., entre Lexington Ave. et 3rd Ave. • M° Grand Central-42nd St. • (212) 865 57 00 • thepodhotel.com • 2 lits superposés $165-$265, double $190-$300.

Pod 51

Roofgarden Plan B3

Un cocon design qui propose des chambres minimalistes et contemporaines avec coin bureau et Wifi gratuit. Le *roofgarden* invite à la détente.

230 E 51st St., entre 2nd Ave. et 3rd Ave. • M° Lexington Ave.-53rd St. ou 51st St. • (814) 763 76 66 • thepodhotel.com • 2 lits superposés $70-$185, double $109-$310.

UPPER WEST SIDE ET CENTRAL PARK 13

Ici, entre le Lincoln Center, hub artistique toujours effervescent, et les luxueux buildings Beaux-Arts et Arts déco de Central Park West, les New-Yorkais semblent prendre le temps de vivre, profitant du poumon vert de la ville. Allez-y pour vous mesurer aux dinosaures du Museum of Natural History, pour assister à un fabuleux spectacle au Metropolitan Opera House ou encore pour flâner dans Central Park en vibrant au son des saxophones.

San Remo Building

1 Time Warner Center⁺⁺

Les tours jumelles du Time Warner Center ont fait leur apparition dans le ciel new-yorkais après le 11 septembre 2001. Tout un symbole… Cette architecture de verre spectaculaire abrite le Dizzy's Club (voir p. 147), l'hôtel Mandarin Oriental, des expos d'art, des boutiques, des bars et des restaurants haut de gamme. Vous pourrez *luncher* au *salad bar* bio de Whole Foods Market (sous-sol), au restaurant Per Se (3e niveau) ou au Porter House (4e niveau) pour profiter de la vue sur Central Park.

10 Columbus Circle • (212) 823 63 00 • theshopsatcolumbuscircle.com • Lun.-sam. 10h-20h, dim. 11h-19h.

2 Museum of Arts and Design⁺⁺

Le musée des Arts (entendez « artisanat ») et du Design a ouvert ses portes en 2008 au sein d'un magnifique bâtiment face à Central

Park. Neuf niveaux comprenant la collection permanente (des créations en céramique, en bois, en métal, des bijoux et des meubles improbables, etc.), des expositions temporaires, un auditorium, un centre éducatif et le Robert, un restaurant au dernier étage. À voir !

2 Colombus Circle • ☎(212) 299 77 77 • madmuseum.org • Mar.-mer. et ven.-dim. 10h-18h, jeu. 10h-20h; fermé 20 janv., 17 fév., 4 juil. et 12 oct • Entrée : $18 ($9 jeu. 16h-19h).

3 Lincoln Center✦✦✦

Bâti dans les années 1960, ce gigantesque et prestigieux complexe culturel attire des spectateurs du monde entier. Il comprend, entre autres, le **Metropolitan Opera House,** l'un des opéras les plus célèbres du monde, le **David Geffen Hall,** siège du fameux orchestre philharmonique de New York, le **David H. Koch Theater,** fief du New York City Ballet et du City Opera, et le **Lincoln Theater.** Profitez des concerts gratuits au **David Rubenstein Atrium** (consulter le site pour le calendrier des performances, lincolncenter.org). Cafés, boutiques et restaurants sur le campus.

Accueil visiteurs : David Rubenstein Atrium, Broadway, angle 62nd St. • ☎(212) 875 53 50 (info) • lincoln center.org • Lun.-ven. 8h-22h, sam.-dim. 9h-22h • Visites guidées : ☎(212) 875 53 50 (résa) • Lun.-sam. 11h30 et 13h30, dim. 13h, $25.

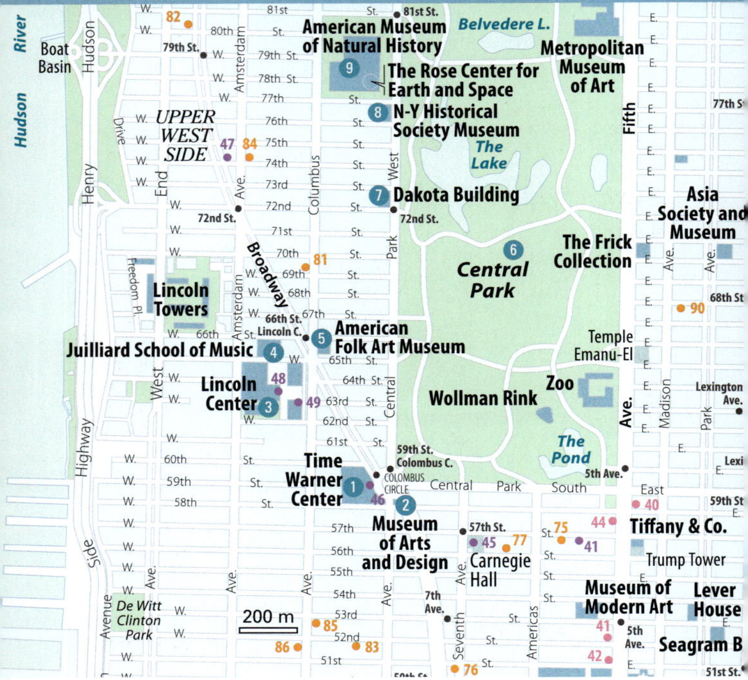

❹ Juilliard School of Music⁺⁺

Fondée en 1905, cette prestigieuse école a eu comme étudiants des grands noms de la musique contemporaine, tels que Philip Glass, ainsi que de nombreux solistes, comme Leonard Rose ou Barbara Hendricks. On y enseigne également la danse et le théâtre. L'école propose des concerts et des récitals gratuits, donnés par les élèves ou les enseignants.

60 Lincoln Center Plaza, entre Broadway et Amsterdam Ave. • (212) 799 50 00 • juilliard.edu • Box office : (212) 769 74 06 • Sept.-mai : lun.-ven. 11h-18h et 1h avant le spectacle; été : lun.-jeu. 10h-17h.

❺ American Folk Art Museum⁺⁺

Ce musée est consacré à l'héritage de l'art populaire américain, dont il témoigne à travers des objets très variés, comme des tissus, des sculptures ou des peintures datant des XVIIIe et XIXe s. Des expositions temporaires permettent aussi de découvrir des artistes méconnus du grand public.

2 Lincoln Square, angle Columbus Ave. et 66th St. • (212) 595 95 33 • folkartmuseum.org • Mer.-dim. 11h30-18h • Accès libre.

6 Central Park***

Avec plus de 340 ha, Central Park est la bouffée d'oxygène des New-Yorkais, qui s'y détendent et y font du sport. La terrasse du **Belvedere Castle** (face au musée d'Histoire naturelle) offre une vue imprenable sur la ville. Au **Loeb Boathouse** (au niveau de E 74th St.), on peut louer un petit bateau ou faire un tour de gondole sur le lac. En hiver, la **Wollman Rink** (au niveau de E 64th St.) se transforme en patinoire. Les nostalgiques ne manqueront pas **Strawberry Fields** (au niveau de W 72nd St.), conçu en l'honneur de John Lennon, et les sportifs monteront jusqu'au **Reservoir** (W 86th St.) pour en faire le tour en courant… ou simplement pour observer les joggers !

Son élaboration

On pourrait croire qu'il s'agit d'un parc naturel, mais il n'en est rien. En 1857, la Ville lance un concours d'architecture pour la création d'un immense parc. Frederick Law Olmsted et Calvert Vaux remportent la compétition, avec un projet ambitieux intitulé « Greensward Plan ». Sa construction dure 16 ans, mobilisant 20000 ouvriers et nécessitant l'importation de 270000 arbres, arbustes et plantes diverses. Le budget d'entretien annuel avoisine les 14 millions de dollars ! Le parc ouvre officiellement en 1873. Après plusieurs rénovations et travaux d'embellissement à la suite des dégâts causés par la crise des années 1930 et les rassemblements hippies des

Pause Sex and the City : Magnolia Bakery

La pâtisserie rendue célèbre par les héroïnes de *Sex and the City* invite à la pause goûter ! Dans un décor délicieusement rétro, vous ne résisterez pas à l'envie de croquer dans un de leurs fameux cupcakes aux parfums caramel, noix de coco, banane ou chocolat. L'adresse originelle se situe au 401 Bleecker St.

81 *200 Columbus Ave., angle 69th St. • (212) 724 8101 • magnoliabakery.com • T.l.j. 8h30-22h • Cupcakes $4-$5,75.*

The Pond, à Central Park

années 1970, Central Park est aujourd'hui un véritable joyau.

Quelques curiosités...

Central Park abrite une multitude d'aménagements. Parmi ceux-ci, le **Belvedere Castle,** une structure victorienne perchée sur la plus haute colline, le **Conservatory Garden,** petit jardin botanique, le **Delacorte Theater,** où se produisent diverses troupes de théâtre, le **Loeb Boathouse,** charmant restaurant situé au bord du lac, le **Swedish Cottage, théâtre de marionnettes,** la **Wollman Rink,** pour sa patinoire d'hiver, ou encore le **Dairy** (les fermiers de la région venaient y distribuer leur lait), qui est aujourd'hui le centre d'information touristique. Les enfants adorent grimper sur la **statue en bronze d'*Alice au pays des merveilles*.**

Zoo

Central Park possède un mini-zoo atypique. Vous y verrez des ours polaires et des singes installés dans des structures qui recréent leur environnement naturel. Juste en face, le Tisch Children's Zoo accueille les animaux de la ferme.

Sports et loisirs

Jogging, vélo, roller, tennis, natation (oui, il y a même une piscine !), football, base-ball, softball, équitation, patin à glace, yoga et tai-chi font partie des sports les plus pratiqués. En été, Central Park devient un haut lieu culturel où se tiennent des festivals de musique et de théâtre, souvent gratuits.

Parc : *entrées au niveau de 59th St. (sud); 110th St. (nord); 60th, 65th, 72nd, 79th, 84th, 96th, 102nd St. (est); 66th, 72nd, 77th, 81st, 85th, 96th, 100th, 106th St. (ouest) • T.l.j. 6h-1h • Infos touristiques : Dairy Visitor Center (au milieu du parc, au niveau de 65th St.) • ☎(212) 794 65 64 • centralparknyc.org • T.l.j. 10h-17h (9h-19h l'été).*

Zoo : *au niveau d'E 64th St. • ☎(212) 439 65 00 • centralparkzoo.com • Avr.-oct. : lun.-ven. 10h-17h, sam.-dim. 10h-17h30; nov.-mars : t.l.j. 10h-16h30 • Entrée (à acheter en ligne) : $19,95 (enfant 3-12 ans $14,95).*

7 Dakota Building++

La prestigieuse adresse aux airs de forteresse fut le premier complexe d'appartements de luxe de New York. Achevé en 1884 et filmé par Polanski dans *Rosemary's Baby,* il a compté parmi ses résidents de nombreuses célébrités : Judy Garland, Lauren Bacall, Rudolph Noureev, etc. Il est tristement célèbre depuis l'assassinat de John Lennon devant son porche.

W 72nd St., angle Central Park West. • T.l.j. 10h-17h45 • Ne se visite pas.

8 New-York Historical Society Museum++

Le Musée historique est aussi le plus vieux de New York (1804). Les expositions changent constamment, et on trouve, dans les collections permanentes, les fameuses lampes de Tiffany, des lithographies de la jambe de bois du gouverneur Morris, ainsi qu'une mèche de cheveux de George Washington ! Au 4e niveau se trouve le Henry Luce III Center, un centre dédié à l'histoire des femmes américaines.

170 Central Park West, angle 77th St. • ☎(212) 873 34 00 • nyhistory.org • Mer.-jeu. et sam.-dim. 11h-17h, ven. 11h-20h • Entrée : $22 (don libre ven. 18h-20h).

9 American Museum of Natural History+++

C'est le plus grand musée d'Histoire naturelle du monde ! Environ 32 millions de pièces sont exposées et réparties dans

Central Park

American Museum of Natural History

plusieurs sections : biologie, anthropologie, écologie et sciences naturelles. Le plus impressionnant reste néanmoins les nouvelles salles consacrées aux dinosaures, des spécimens remodelés grandeur nature ! À côté, **The Rose Center for Earth and Space** est un gigantesque planétarium. Une salle de cinéma 3D projette d'intéressants programmes sur les sciences naturelles. Également des expositions temporaires.

Les dinosaures

Inaugurée en 1995, la collection de dinosaures est le clou de la visite. Après un court film explicatif, vous découvrirez les origines des vertébrés, puis les salles des dinosaures et leurs immenses squelettes méticuleusement reconstitués. La visite est un régal pour les petits comme pour les grands.

Salle des météorites et salle des minéraux et des gemmes

Plusieurs milliers de pierres précieuses (diamants, rubis, émeraudes, etc.) sont exposées, au milieu desquelles trône la sublime Étoile de l'Inde, le plus gros saphir bleu du monde (563 carats). Découverte au Sri Lanka, elle fut offerte au musée en 1901 par le milliardaire J. P. Morgan.

Océanographie et biologie des poissons

Vous ne pourrez pas manquer l'immense réplique en fibre de verre d'une baleine bleue de 29 m de long. Le diorama représentant un récif des Bahamas est une des merveilles de ce musée ! **Salle fermée jusqu'à nouvel ordre.**

Les dioramas

Tout au long de la visite, des mises en scène d'animaux sauvages naturalisés les représentent dans leurs milieux naturels. Fidèlement reproduits, les décors sont surprenants de réalisme. Ne manquez pas, au 2e niveau, le diorama consacré aux mammifères d'Afrique.

LeFrak Theater

Haut de quatre étages et large de 20 m, l'écran du cinéma vous propose un film toutes les heures et vous plonge au cœur d'un univers cosmique, naturel ou animal. Cette salle est très bien faite et très impressionnante !

200 Central Park West, angle 79th St. • ☎ (212) 769 51 00 • amnh.org • Mer.-dim. 10h-17h30 ; fermé Thanksgiving et Noël • Don suggéré : $23 ($33 avec expos temporaires et attractions).

Restos | Bars | Hôtels | Shopping | Activités

Restos Bistrots

Zabar's

Delicatessen 82 Plan A1

Respirez le fumet qui émane de la boutique, et vous comprendrez pourquoi la majorité des New-Yorkais considère Zabar's comme le paradis sur terre ! Tout le monde s'accorde à dire que c'est le meilleur *delicatessen* de la ville. Ne ratez surtout pas le rayon des ustensiles de cuisine : prix très abordables (dès $8) et produits d'excellente qualité (sandwichs frais et soupes : $5-$8,99). Vous trouverez aussi un café pour une dégustation sur place.

2245 Broadway, angle 80th St. • M° 79th St. • ☎ (212) 787 20 00 • zabars.com • Delicatessen : lun.-sam. 8h-19h30, dim. 9h-18h ; magasin (ustensiles) : t.l.j. 9h-18h ; café : lun.-sam. 8h-17h, dim. 9h-17h.

Danji

Coréen 83 Plan A2

Un restaurant coréen au design moderne et au décor industriel qui propose des plats typiques revisités à partager. Tous les ingrédients sont bio. Le petit plus : une superbe carte de cocktails.

346 W 52nd St., entre 8th Ave. et 9th Ave. • M° 50th St. • ☎ (212) 586 28 80 • danjinyc.com • Mar-jeu. et dim. 17h-21h, ven.-sam. 17h-22h • Plats à partager $23-$48.

Levain Bakery

Cookies 84 Plan A1

Levain Bakery, c'est la Rolls-Royce du cookie. Et pour preuve, il y a toujours la queue devant cette petite boutique. Les gourmands sont attirés par l'odeur des cookies chauds tout droit sortis du four. Des gâteaux moelleux, gourmands, qui sont faits minute. Ici, on ne dit pas pépites de chocolat mais « morceaux » pour refléter les quantités généreuses. Un condensé de bonheur.

*167 W 74th St. • (917) 464 37 69 • levain bakery.com • Lun.-sam. 8h-19h, dim. 9h-19h ; **fermé jusqu'à nouvel ordre** • Cookie $4.*

The Meatball Shop

Italien 85 Plan A2

L'hommage permanent que New York rend à la cuisine italienne s'illustre à merveille dans cette *polpetteria !* Il faut ici composer soi-même son bol de boulettes de viande *(meatballs)*: on choisit d'abord les boulettes (mélange porc et bœuf, poulet, porc épicé, légumes…), puis la sauce (tomate, crème au parmesan, épicée, pesto, barbecue…) et l'accompagnement (spaghetti bien sûr, mais aussi polenta, brocoli rôti…). Le tout à déguster dans un espace moderne et aéré avec cuisine ouverte sur la salle.

798 9th Ave., angle 53rd St. • M° 50th St. • (212) 230 58 60 • themeatballshop.com • Dim.-jeu. 12h-23h; ven.-sam. 12h-minuit (brunch : ven.-sam. 12h-16h) • Meatballs $12-$19.

Empanada Mama

Empanadas 86 Plan A2

Les meilleures *empanadas* de la ville se dégustent ici ! Ces petits chaussons frits sont le plus souvent farcis de viande ou de poisson. Ici, on les trouve aussi en version américanisée (comme celui au goût pizza). C'est copieux et bon marché (compter 3 *empanadas* par personne). L'ambiance est souvent bruyante, il faut dire que sur les tables, les pichets de sangria ne manquent pas !

765 9th Ave., entre 51st St. et 52nd St. • M° 50th St. • (212) 698 90 08 • empmamanyc.com • T.l.j. 24h/24 • Empanadas $4,15 pièce.

Bars, clubs Sorties

Carnegie Hall

Salle de spectacles 45 Plan B2

Tchaïkovski a dirigé le concert d'inauguration du Carnegie Hall en 1891. Un programme très varié dans lequel se produisent des stars du monde entier, de Liza Minnelli à Neil Sedaka. Récitals de piano, chorales, formations de musique de chambre, orchestres symphoniques, etc. Le Carnegie Hall possède une seconde salle de spectacles : le Zankel Hall.

154 W 57th St., angle 7th Ave. • M° 57th St. • (212) 247 78 00 • carnegiehall.org • Entrée $10-$95 (jusqu'à $200 pour les orchestres philharmoniques).

Jazz at Lincoln Center - Dizzy's Club

Club de jazz 46 Plan A2

Le Dizzy's Club, fief du Jazz at Lincoln Center avec le Rose Theater et l'Allen Room, est une institution accueillant aussi bien de grands noms du jazz que de jeunes talents à découvrir. Niché en haut du Time Warner Center, on y profite d'une superbe vue sur Central Park.

Time Warner Center, 10 Columbus Circle • M° 59th St.-Columbus Circle • (212) 258 95 95 • jazz.org/dizzys • Concert à 19h30 et 21h30, late night session *mar.-sam. à 23h30 • Concerts $20-$45 + $10 de conso.*

The Beacon Theatre

Salle de spectacles 47 Plan A1

Une salle mythique ! The Rolling Stones, The Beach Boys, Leonard Cohen, Radiohead ou encore Nick Cave ont enflammé la scène de ce somptueux théâtre de style Arts déco datant de 1929, qui accueille également des opéras, des comédies musicales et des one-man-shows.

2124 Broadway, angle W 74th St. • M° 72nd St. • ticketmaster.com ou sur place (lun.-sam. 11h-19h) • msg.com/beacon-theatre • Concerts $50-$750.

Metropolitan Opera House

Classique, opéra 48 Plan A2

Le Metropolitan Opera House – les fresques du hall sont de Marc Chagall – abrite la plus grande compagnie lyrique de New York : la Metropolitan Opera Company. Les places sont chères, et mieux vaut réserver bien à l'avance. Mais n'hésitez pas à tenter votre chance le jour même pour une place au poulailler *(Family Circle)*...

Lincoln Center, 62nd-65th St., entre Columbus Ave. et Amsterdam Ave. • M° 66th St.-Lincoln Center • (212) 362 60 00 • metopera. org • Places $20-$500.

David H. Koch Theater

Ballets 49 Plan A2

Ce somptueux théâtre abrite les spectacles du célèbre New York City Ballet. Les performances s'étendent sur trois saisons : Fall (de mi-sept. à mi-oct.), Winter (de mi-janv. à début mars) et Spring (de mi-avr. à fin mai). Les meilleures places sont un peu chères, mais elles en valent largement la peine !

Lincoln Center, Columbus Ave., angle 63rd St. • M° 66th St.-Lincoln Center • (212) 496 06 00 • davidhkochtheater.com • Entrée $20-$450.

VOIR AUSSI p. 133 ET p. 139 :

Time Warner Center Plan A2

Lincoln Center Plan A2

UPPER EAST SIDE, AUTOUR DU MET

14

Depuis que les grandes fortunes (Astor, Vanderbilt…) y établirent leurs hôtels particuliers dans les années 1880, Upper East Side est le quartier le plus huppé de New York. Le fief de l'élite new-yorkaise, avec son lot de boutiques de luxe (Madison Avenue) et de *brownstones* cossues, est aussi celui du « Museum Mile » : entre 82nd Street à 105th Street, Fifth Avenue aligne musées et institutions culturelles de prestige.

The Frick Collection

1 Asia Society and Museum✦✦✦

Un joli petit musée dédié à l'art et la culture asiatiques, avec notamment les formidables collections privées du philanthrope américain John D. Rockefeller III, comprenant des œuvres datant de 2000 ans av. J.-C. jusqu'au XIXe s., venues du sud, du sud-est et de l'est de l'Asie. Également, des expositions temporaires, des concerts et des spectacles de danse. Faites une pause au Garden Court Café, le menu y est fort alléchant !

725 Park Ave., angle 70th St. • ☏ (212) 288 64 00 • asiasociety.org • Mer.-dim. 11h-15h ; fermé 24-26 déc. et 31 déc.-2 janv. • Entrée : $12 (gratuit ven. 18h-21h sf juil.-août).

2 The Frick Collection✦✦✦

Une impressionnante collection privée d'œuvres datant de la Renaissance est soigneusement entreposée dans cette superbe demeure ayant appartenu à l'industriel Henry Clay Frick. Chaque pièce, somptueusement meublée, est décorée d'œuvres de Rembrandt, Vermeer, Whistler ou Renoir. Loin des grands musées new-yorkais, vous trouverez ici une atmosphère intimiste et raffinée. Jetez aussi un coup d'œil au charmant jardin intérieur.

Boucher Room

La salle Boucher est une reconstitution d'un boudoir du XVIIIe s., décorée par *Les Arts et les Sciences*, une œuvre du peintre en huit panneaux, à l'origine destinés à la bibliothèque de Mme de Pompadour.

Fragonard Room

Cette magnifique salle propose 11 peintures de Fragonard intitulées *Les Progrès de l'amour.* Quatre d'entre elles décrivent la conquête amoureuse : la poursuite, la rencontre, l'amant et les lettres d'amour. De nombreuses pièces de mobilier français du XVIIIe s. occupent la salle, dont une commode Louis XVI de Lacroix. Sur la cheminée, admirez un buste en marbre de la comtesse du Cayla sculpté par Houdon.

Fermeture temporaire

La Frick Mansion, qui accueille la Frick Collection en temps normal, subit d'importants travaux de rénovation. Les galeries sont temporairement fermées au public, mais une partie des collections est exposée au Breuer Building (945 Madison Ave., angle 75th St. ; voir p. 151). Le Frick Madison (nom du musée temporaire) y présente les plus belles pièces de la collection. La Frick Collection retrouvera en 2023 ses quartiers permanents, le long de 5th Avenue (plus d'informations sur frickfuture.org).

Pause diner : EJ's Luncheonette

Alternative aux tables guindées, voilà un agréable *diner* de quartier avec comptoir, tabourets et tables en Formica dans le style années 1940. *Breakfast* et classiques de la *comfort food* américaine sont servis toute la journée, et le brunch du week-end (8h-15h) est très populaire. *Iced coffee, iced tea* et *fountain soda* à volonté.

87 *1271 3rd Ave., angle 73rd St. • (212) 472 06 00 • ejsluncheonette.com • Lun.-jeu. 8h-21h, ven.-dim. 8h-22h • Omelettes $13,50-$18,35, salades $19-$22, sandwichs $13,75-$22, boissons à volonté : $3,75.*

Living Hall

L'une des plus belles salles reste le salon, qui regroupe les principales œuvres, telles que *L'Homme à la toque rouge,* du Titien, et le *Saint Jérôme,* du Greco. Le portrait de *Sir Thomas More,* conseiller d'Henri VIII, par Holbein le Jeune, est une merveille. N'hésitez pas à faire un arrêt dans le patio : entre son bassin et ses plantes tropicales trône un ange de bronze de Jean Barbet.

West Gallery

La galerie ouest, éclairée par une verrière, expose des œuvres majeures de la collection. Dans *Le Soldat et la Jeune Fille riant* et *La Leçon de musique interrompue,* le peintre Vermeer (1632-1675) suspend le temps grâce à son célèbre jeu d'ombre et de lumière. La salle abrite aussi des œuvres de Van Dyck, Vélasquez et Rembrandt.

1 E 70th St., angle 5th Ave. • ☏(212) 288 07 00 • frick.org • ***Fermé pour rénovation : voir The Frick Madison au Breuer Building ci-dessous.***

Frick Madison (Breuer Building)✦✦✦

Renversant de modernité avec sa façade en escalier inversé, l'audacieux bâtiment en pierre et en béton conçu par l'architecte moderniste hongrois Marcel Breuer date de 1966. Après avoir accueilli le Whitney Museum puis des collections du Metropolitan Museum of Art, il accueille aujourd'hui une partie de la Frick Collection (voir p. 148), pendant les travaux de rénovation.

945 Madison Ave., angle E 75th St. • ☏(212) 288 07 00 • frick.org • Jeu.-dim. 10h-18h, fermé certains j. f., consulter le site Internet • Entrée : $22 (don libre jeu. 16h-18h), interdit aux moins de 10 ans.

3 Metropolitan Museum of Art (MET)✦✦✦

Soyez sélectif : les 17 départements du MET abritent environ deux millions d'œuvres d'art, tous domaines confondus ! La section d'art islamique est superbe ainsi que les plus de 2 500 peintures européennes ; les fans d'égyptologie iront directement au temple de Dendour, tandis que les adeptes d'armurerie seront comblés par les quelque 14 000 objets provenant

Metropolitan Museum of Modern Art (MET)

d'Europe, d'Asie et d'Amérique. Le musée possède également une galerie permanente sur les arts d'Asie du Sud et du Sud-Est. De mi-avril à octobre, allez prendre un bol d'air sur la terrasse du Roof Garden Bar (5e niveau par l'ascenseur de la galerie European Sculpture and Decorative Arts) : la vue y est magnifique !

L'art américain

De l'époque coloniale à nos jours, vous découvrirez l'évolution de l'art américain. De sublimes intérieurs sont reconstitués : ne manquez pas la salle à manger dessinée par Wright. Certains portraits de George Washington par Gilbert Stuart sont exposés, ainsi que le célèbre portrait, *Madame X*, de Sargent. À voir aussi, les peintures d'Edward Hopper.

Peintures, sculptures et arts décoratifs d'Europe

Le département possède plus de 2 500 toiles européennes. Vous retrouverez notamment des chefs-d'œuvre de l'art flamand, dont *Les Moissonneurs* de Bruegel. Deux salles sont également consacrées à Rembrandt. Parmi les plus grands peintres, la collection réunit des toiles de Rubens, Vermeer, Vélasquez, Goya, Watteau, Monet, Cézanne... et la célèbre *Diseuse de bonne aventure*, de Georges de La Tour. Les reconstitutions de salons parisiens du XVIIIe s. sont surprenantes. Une aile abrite 50 000 sculptures et objets d'arts décoratifs, dont *La Main de Dieu*, de Rodin.

Antiquités égyptiennes

Un des musts du musée reste la collection de sarcophages, sculptures, objets funéraires et bijoux couvrant cinq millénaires. wLe superbe temple de Dendour est un cadeau du gouvernement égyptien aux États-Unis en 1965, en remerciement de leur contribution au sauvetage des temples de la vallée du Nil.

Pause mystique : Bluestone Lane Coffee

Pierre naturelle, plafond voûté et beaucoup de spiritualité dans ce petit café de l'Upper East Side. Et pour cause, il est adjacent à la Celestial Church of Christ sur Fifth Avenue en face de Central Park. Vous n'aurez pas souvent l'occasion de boire votre café dans un décor de cathédrale ! Alors profitez du calme et de la sérénité du lieu.

88 *1085 5th Ave., angle E 90th St. • M° 86th St. • (718) 374 68 58 • bluestonelane.com • Lun.-jeu. 7h30-17h, ven. 7h30-18h, sam. 8h-18h, dim. 8h-17h • Espresso : $3.*

Solomon R. Guggenheim Museum

1000 5th Ave., angle E 82nd St. • (212) 535 77 10 • metmuseum.org • Dim.-mar. et jeu. 10h-17h30, ven.-sam. 10h-21h; fermé mer., Thanksgiving, Noël et j. de l'An. • Entrée : $25 (billet valable 3 j. consécutifs pour le MET Cloisters, voir p. 163).

4 Neue Galerie New York++

Logée dans un sublime hôtel particulier de 1914, la Neue Galerie est un séduisant petit musée consacré à l'art allemand et autrichien du début du XXe s. De la Sécession viennoise au Bauhaus, elle présente des œuvres de Gustav Klimt *(Portrait d'Adele Bloch-Bauer I)*, Egon Schiele et Oskar Kokoschka, et une collection d'arts décoratifs. Son charmant Café Sabarsky a l'atmosphère des vieux cafés viennois du début du siècle dernier (lun. 9h-18h, jeu.-dim. 9h-21h; plats $20-$30).

1048 5th Ave., angle E 86th St. • (212) 628 62 00 • neuegalerie.org • Jeu.-lun. 11h-17h • Entrée : $25 (gratuit 1er ven. du mois 17h-20h).

5 Solomon R. Guggenheim Museum+++

Le bâtiment lui-même est une splendide réalisation d'architecture contemporaine. Conçu et réalisé en grande partie par **Frank Lloyd Wright** en 1959, le Guggenheim, tout en spirale, est un véritable temple de l'art : des impressionnistes aux minimalistes ou conceptuels des années 1960, la plupart des mouvements sont représentés (expressionnisme, cubisme, abstraction, surréalisme). Les expositions temporaires du moment sont à retrouver sur le site Internet !

Le bâtiment

Avec ses formes circulaires et sa façade d'un blanc éclatant, l'édifice de Wright, posé comme une sorte de grand vaisseau extraterrestre au milieu des buildings new-yorkais invariablement rectangulaires, dégage une extraordinaire modernité. À l'intérieur, un grand vide cylindrique domine la rotonde principale, baignée par un puits de lumière. Les œuvres d'art, jusque-là dissimulées au regard, se dévoilent au fil de la rampe en spirale qui longe ses murs concaves sur 800 m. Un conseil, prenez l'ascenseur jusqu'au sommet et visitez le musée en descendant.

La collection permanente

L'essentiel de l'espace étant dévolu aux expositions temporaires, vous ne verrez qu'une infime partie de la collection permanente, partagée entre les différents musées Guggenheim dans le monde et exposée par roulements. Née de la réunion de plusieurs collections privées et balayant les grands courants de l'art des XXe et XXIe s., elle comprend des toiles de Delaunay, Mondrian et Klee, des sculptures de Calder et Giacometti, et le plus grand ensemble au monde de peintures de Kandinsky. La fameuse collection de l'Allemand Thannhauser, léguée au musée en 1963, l'a complétée de nombreux chefs-d'œuvre impressionnistes et postimpressionnistes, présentés par rotation dans la Thannhauser Gallery.

1071 5th Ave., angle E 89th St. • ☏(212) 423 35 00 • guggenheim.org • Jeu.-lun. 11h-18h, fermé Thanksgiving et 25 déc. • Entrée : $25 (don libre sam. 14h-18h).

6 Cooper Hewitt, Smithsonian Design Museum✦✦

Des siècles de design et d'arts décoratifs du monde entier (meubles, papier peint, textiles, bijoux, costumes, etc.) sont présentés dans l'ancien hôtel particulier (1901) du magnat de l'industrie Andrew Carnegie. Muni d'un stylo numérique *(The Pen)*, créez votre propre collection (parmi 250 000 objets !),

Cooper Hewitt, Smithsonian Design Museum

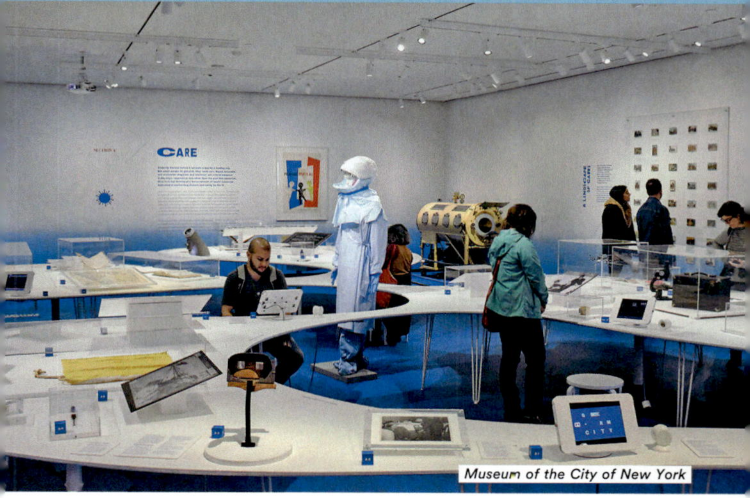

Museum of the City of New York

jouez au designer et modifiez des objets sur une table tactile, dessinez votre papier peint projeté sur un mur… Plus qu'un musée, une expérience interactive et immersive inédite !

2 E 91st St., angle 5th Ave. • ☏(212) 849 29 50 • cooperhewitt.org • Jeu.-lun. 10h-18h ; fermé Thanksgiving et 25 déc. • Entrée : $18.

7 Museum of the City of New York**

Rien de tel que ce musée pour se faire une idée des 400 ans de la formidable épopée new-yorkaise. De l'histoire, de passionnantes expositions temporaires, oui, mais pas seulement. On y invente aussi, en images, le New York du XXIe s.

New York at its Core : 400 ans d'histoire

Les galeries Port City (1609-1898) et World City (1898-2012) explorent l'histoire de New York à travers quatre thèmes qui définissent la ville mieux qu'aucun autre : la densité urbaine, la diversité d'origine de la population, le pouvoir de l'argent et la créativité artistique. De la première colonie hollandaise aux attentats du 11-Septembre, de la Révolution américaine au mouvement des droits civiques, c'est une évocation riche appuyée par des centaines d'objets, de photos, de vidéos et de bornes interactives qui retracent l'émergence de New York comme ville-monde.

Future City Lab

Vous pourriez bien passer des heures à imaginer le New York du XXIe s. dans ce génial laboratoire urbain. Installez-vous à une console interactive, où vous pourrez créer de nouveaux quartiers avec logements sociaux et tours de bureaux, promenades sur les quais, nouvelle ligne de métro, parcs, aires de jeux, équipements sportifs… tout en mesurant concrètement l'impact de ces aménagements sur le budget de la ville, l'environnement et la sécurité des habitants ! Satisfait ? Diffusez alors votre projet sur écran géant et entrez dans l'image pour vous voir évoluer au milieu de ces nouveaux aménagements. Génial !

1220 5th Ave. • (212) 534 16 72 • mcny.org • Ven.-lun. 10h-18h; ***Future City Lab fermé jusqu'à nouvel ordre;*** *fermé Thanksgiving, Noël et j. de l'An • Entrée : $20 (donation suggérée).*

Restos | Bars | Hôtels | Shopping | Activités

Restos Bistrots

Le Botaniste

Bio 89 Plan B2

Alain Coumont, le fondateur du Pain Quotidien, vient d'ouvrir ce restaurant bio. Un concept entièrement gluten-free basé sur les plantes dans un décor inspiré d'une ancienne pharmacie. Le petit plus : leur carte de vins naturels.

833 Lexington Ave. • M° Lexington Ave.-63rd Ave. • (917) 262 07 66 • lebotaniste.us • T.l.j. 11h-21h • Bol à composer $13,95.

Bel Ami

Français 90 Plan B2

Dans une des belles rues résidentielles d'Upper East Side se cache un petit café français où il fait bon prendre une pause gourmande. Leurs pâtisseries sont délicieuses. Ils proposent également de petits sandwichs, des soupes et des salades au déjeuner. Vous aurez envie de vous y poser l'après-midi et de lire Maupassant.

30 E 68th St., entre Madison Ave. et Park Ave. • M° 68th St.-Hunter College • (212) 737 13 13 • belamicafeny.com • Lun.-ven. 7h-18h30, sam.-dim. 8h-18h • Plats $10-$15.

Lexington Candy Shop

Américain 91 Plan B1

Vieilles machines à milk-shakes et fontaines à soda trônent derrière le comptoir de cette authentique *luncheonette* ouverte en 1925 ! Allez-y plutôt pour le *breakfast* (bagel env. $2,50) ou un *ice-cream soda* à l'ancienne, et imaginez-vous dans le Manhattan de Woody Allen.

1226 Lexington Ave., angle 83rd St. • M° 86th St. • (212) 288 00 57 • lexingtoncandyshop.com • Lun.-ven. 7h-19h, sam. 8h-19h, dim. 8h-18h • Omelettes à partir de $14.

Shopping Cadeaux

Dylan's Candy Bar

Confiserie 45 Plan B2

La démesure à l'américaine s'exprime dans ce bar à bonbons fantasmé par Dylan Lauren (la fille de Ralph Lauren) après avoir lu *Charlie et la Chocolaterie.* Parmi les 7000 variétés du monde entier, *whirly pops* ($3,75 ou $12 les 4), berlingots, *bubble gum* et sucres d'orge rétro rendent les *kids crazy!*

1011 3rd Ave., angle 50th St. • M° Lexington Ave. • (646) 735 00 78 • dylanscandybar.com • Dim.-ven. 11h-18h, sam. 11h-19h.

Dylan's Candy Bar

Bloomingdale's

Grand magasin 46 Plan B2

Les frères Bloomingdale ont commencé par vendre des jupes dans Lower East Side avant d'ouvrir en 1886 ce *department store* devenu un must new-yorkais. Impossible de ne pas faire un tour chez « Bloomy's », moins grand que Macy's mais bien plus chic et branché. Corners sophistiqués de créateurs de mode, de cosmétiques et d'accessoires, et mannequins déambulant dans les allées vous mettront l'eau à la bouche.

1000 3rd Ave., entre 59th St. et Lexington Ave. • M° 59th St.-Lexington Ave. • (212) 705 20 00 • bloomingdales.com • Lun.-sam. 11h-20h, dim. 11h-19h.

NEW YORK ET LA CULTURE

New York est une extraordinaire marmite culturelle qui a donné une bonne partie de ce que le monde des arts et des lettres compte de talents. C'est là que tout se passe dès les années 1940 et que se regroupent artistes, écrivains, acteurs et musiciens pour se faire un nom. Reine de la presse et de l'édition, haut lieu de la création et de l'expérimentation, *Big Apple* est au cœur de l'industrie et de la consommation de la culture.

Museum of Modern Art

La vitrine de l'art

Tout commence avec **l'Armory Show,** la première exposition d'art moderne organisée aux États-Unis, qui se déroule à New York en 1913 sur fond de scandale. Puis, en 1925, le Museum of Modern Art offre sa première vitrine permanente à la création contemporaine. De généreux mécènes, telle **Gertrude Vanderbilt Whitney,** fondatrice du Whitney Museum en 1931, collectionnent et encouragent la jeune avant-garde, comme **Edward Hopper,** le peintre des villes américaines. D'autres, comme les hommes d'affaires Henry Clay Frick ou John Pierpont Morgan, collectionnent les trésors de la vieille Europe. Outre ses institutions au rayonnement mondial (MET, Guggenheim), New York est aussi, avec quelque **1 500 galeries d'art** et de grands marchés de l'art (Christie's, Sotheby's), la plaque tournante de l'art contemporain.

Un rêve d'écrivains

New York fait son entrée en littérature au XIXe s. avec des auteurs comme Washington Irving (*Histoire de New York,* 1809), **Herman Melville** *(Moby Dick)* et **Walt Whitman,** l'un des poètes les plus influents des États-Unis. **Francis Scott Fitzgerald** *(Gatsby le Magnifique),* **Truman Capote** *(Petit déjeuner chez Tiffany),* Tom Wolfe *(Le Bûcher des vanités)* ou encore **Paul Auster** *(Trilogie new-yorkaise)* l'ont célébré dans leurs romans. De la Beat Generation (Jack Kerouac, Allen Ginsberg, William Burroughs) au Brat Pack des années 1980 (les sales gosses de New York : **Bret Easton Ellis** et Jay McInerney), tous ont contribué à façonner le mythe de la Grosse Pomme, ville de tous les possibles, dans la littérature américaine.

Avant-gardes et contre-culture

C'est à Greenwich Village, où se regroupent au début du XXe s. les intellectuels en lutte contre le carcan victorien, que naissent les avant-gardes. Rejetant l'*American way of life* et prônant la **libération sexuelle** (le Village sera l'épicentre du mouvement de libération gay), la bohème artistique et littéraire des années 1950-1960 leur emboîte le pas. On y croise les grandes figures de la Beat Generation et de l'expressionnisme abstrait, premier grand mouvement artistique des États-Unis popularisé par de Kooning, **Pollock** et Rothko. Avec le pop art de **Warhol** et **Lichtenstein** et le street art de **Keith Haring** et **Basquiat,** le sud de Manhattan s'affirme comme un creuset du modernisme pictural. John Cage, Philip Glass ou Laurie Anderson y explorent les champs de la musique expérimentale, tandis que la scène underground s'épanouit dans les années 1980 à East Village, entre théâtre d'avant-garde et concerts punk. Aujourd'hui refoulés par les loyers prohibitifs de Manhattan, les artistes ont fait du postindustriel Buschwick leur nouveau nid.

La presse new-yorkaise

Capitale de la presse à partir du XIXe s., New York abrite le siège du journal le plus prestigieux des États-Unis, le *New York Times,* fondé en 1851. Les meilleurs auteurs, critiques et journalistes alimentent depuis 1925 le magazine intello *The New Yorker,* qui donne, à travers ses colonnes, ses caricatures, son agenda et sa rubrique *Talk of the Town* (« Ce qui se dit en ville »), un bon aperçu de la vie et de la culture new-yorkaises. ■

Andy Warhol, star du pop art

Dans les années 1960, Andy Warhol dessinait pour la publicité et décorait des vitrines de magasins. Au moment où l'Amérique subissait la blessure du Vietnam, les morts de Martin Luther King, Kennedy et Marilyn Monroe, Warhol se mit à peindre des boîtes de soupe, des bouteilles de Coca et des portraits en série de Liz Taylor ou Marlon Brando, en utilisant la sérigraphie. Il lança le fameux mouvement du pop art, tandis que son atelier, la Factory, devint le repaire de tout ce que Manhattan comptait de gens chic et branchés, dont les fameux membres du Velvet Underground.

HARLEM

15

Résidentiel et bourgeois à la fin du XIXe s., Harlem devient le fief de la communauté afro-américaine dès le début du XXe s., puis le noyau du mouvement de renouveau de la culture noire-américaine, Harlem Renaissance. Peintres, écrivains, musiciens, tous les plus grands y ont vécu. Malgré un certain embourgeoisement, Harlem a préservé son âme, avec ses *brownstones*, ses clubs de jazz, sa *soul food*, ses salons de beauté afro et ses églises aux chorales gospel électrisantes.

Rangée de brownstones à Harlem

1 Malcolm Shabazz Harlem Market✦

Le quartier, rebaptisé Little Senegal, abrite un marché d'artisanat africain où l'on peut se faire tresser les cheveux et dénicher tissus colorés, masques, statues en bois, sacs en cuir, paniers, instruments de musique et bijoux ethniques à petits prix.

52 W 116th St., angle Malcolm X Blvd • ☏(212) 987 8131 • T.l.j. 10h-20h.

2 Canaan Baptist Church✦✦

Fondée en 1932, l'église baptiste de Canaan – du nom de la Terre promise par Dieu à Abraham et aux Hébreux dans le récit biblique – est installée depuis 1965 dans l'ancien Théâtre de Loews. C'est donc au balcon (1er étage) que les touristes venus écouter la messe gospel du dimanche prennent place. Les chants frappent par leur beauté et la ferveur toute recueillie des croyants, mais le sermon du pasteur, axé sur le rôle de la communauté et la difficulté d'être un Noir-Américain de Harlem dans l'Amérique d'aujourd'hui, est tout aussi inspirant !

132 W 116th St. • ☎ (212) 866 03 01 • cbccnyc.org • Messe dim. à 10h. • Entrée : gratuite (donation de $10 conseillée).

3 Studio Museum in Harlem✦✦

C'est le plus grand musée des États-Unis uniquement consacré à l'art noir (Afrique, Caraïbes et Amérique). En plus des collections permanentes, des expositions temporaires permettent de faire connaître de nombreux artistes. **Actuellement fermé en vue de la construction d'un nouvel ensemble,** le musée organise des événements. Juste en face, halte devant l'Apollo Theater (voir p. 164), icône du quartier !

144 W 125th St., entre Malcolm X Blvd et Adam Clayton Powel Jr Blvd • ☎ (212) 864 45 00 • studiomuseum.org • Fermé jusqu'à nouvel ordre.

4 Abyssinian Baptist Church✦✦

Fondée en 1808, la plus ancienne église noire de New York est devenue célèbre grâce au pasteur Adam Clayton Powell Jr, qui, en tant que membre du Congrès, s'est battu pour les droits civiques du peuple noir. La messe du dimanche, réputée pour son chœur de gospel, attire de nombreux touristes (entrée non garantie).

132 Odell Clark Place • ☎ (212) 862 74 74 • abyssinian.org • Visiteurs admis pour le service du dim. à 10h, sf en août et les jours de fête (r.-v. à l'angle de W 138th St. et Adam Clayton Powell Jr Blvd; arriver tôt !).

5 Hamilton Heights✦✦✦

Ce quartier historique est l'un des plus jolis en termes d'architecture. Allez flâner dans les rues et ne manquez pas le **Hamilton Grange National Memorial** dans St Nicholas Park, l'un des plus vieux bâtiments de New York. Autre curiosité, le **City College of New York** (CCNY), qui ressemble plus à un château qu'à une université ! Entrée principale par Convent Ave.

Entre W 135th et W 155th St., à l'ouest de St. Nicholas Ave.

Hamilton Grange National Memorial : ***414 W 141st St. • ☎ (646) 548 23 10 • nps.gov/***

Pause soul food : Sylvia's

Il serait dommage de venir à Harlem sans goûter à la *soul food,* cuisine traditionnelle des Afro-Américains du Sud. Poulet frit, *BBQ ribs* (travers de porc), *chicken and waffle* (poulet et gaufre), *collard greens* (choux verts) et *buttered corn* (maïs beurré) sont servis dans cette institution de Harlem.

92 ***323 Malcolm X Blvd, entre 126th et 127th St. • M° 125th St. • ☎ (212) 996 06 60 • sylviasrestaurant.com • Lun.-mer. 11h-20h, jeu.-dim. 11h-22h • Plats $14-$29.***

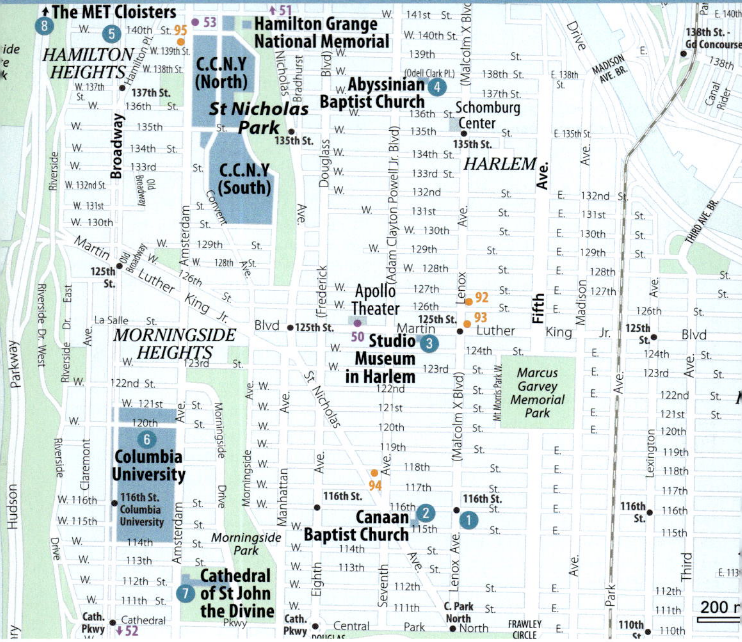

hagr • *Mer.-dim. visite guidée à 10h, 11h et 14h, visite libre 12h-13h et 15h-16h ; Visitor Center mer.-dim. 9h-17h;* ***fermé jusqu'à nouvel ordre*** • *Accès libre.*

6 Columbia University✦

Fondée en 1754 et installée depuis 1897 à Morningside Heights, la prestigieuse université compte 84 prix Nobel parmi ses anciens élèves et professeurs. Sur les pas de Paul Auster et de Barack Obama, rejoignez les étudiants sur les « Steps », les marches de la *Low Memorial Library* aux airs de Panthéon, et goûtez à la vie d'un authentique campus américain !

2960 Broadway, entrée principale 116th St. • *(212) 854 49 00* • *columbia.edu*

7 Cathedral of St John the Divine✦

Commencé en 1892, cet édifice néogothique inachevé est le plus grand lieu de culte des États-Unis. Entre autres curiosités (Twin Towers sculptées sur la façade, triptyque de Keith Haring...), on y bénit des milliers d'animaux en octobre (en mai, ce sont les vélos !). À voir en sortant, la fontaine issue d'un conte fantastique.

1047 Amsterdam Ave., angle W 112th St. • (212) 316 75 40 • stjohndivine.org • Visites : lun.-ven. 9h30-15h, sam. 9h30-17h, dim. 10h-17h; offices : lun.-ven. 12h15, dim. 10h30 • Visite de la cathédrale : $5, gratuite pour les offices; visite guidée : Highlights Tour *$15,* Vertical Tour *$20,* Spotlight Tour *$18 •; messe chantée dim. à 11h.*

8 The MET Cloisters+++

Il serait dommage de manquer cette branche du célèbre musée consacrée à l'art et à l'architecture de l'Europe médiévale. Installé au nord de Manhattan, au sein du Fort Tryon Park, le site est en lui-même un havre de paix et offre une magnifique vue plongeante sur l'Hudson River et le New Jersey.

The MET Cloisters

99 Margaret Corbin Drive, Fort Tryon Park • M° 190th St. • (212) 923 37 00 • Mars-oct. : t.l.j. 10h-17h15; nov.-fév. : t.l.j. 10h-16h45; fermé Thanksgiving, Noël et j. de l'An • Entrée : $25 (billet valable 3 j. consécutifs pour le MET 5th Ave., voir p. 151).

Restos | Bars | Hôtels | Shopping | Activités

Restos Bistrots

Red Rooster

Américain 93 Plan D2

Une adresse pittoresque pour un dîner de groupe festif. On vient chez Red Rooster pour la musique live, l'atmosphère électrisante, la population éclectique et le décor travaillé. Après vous être frayé un chemin jusqu'au bar pour déguster un de leurs cocktails au bourbon, vous pourrez rejoindre le club de jazz du restaurant, le Ginny's, au sous-sol.

310 Lenox Ave., entre 125th St. et 126th St. • (212) 792 90 01 • redroosterharlem.com • Lun.-jeu. 12h30-21h, ven. 12h-22h, sam. 11h-22h, dim. 11h-21h (brunch sam.-dim. 11h-15h); musique live : mer.-jeu. 17h-22h (DJ set) ; Sunday Gospel Brunch : réserver av. 11h30 ; Sunday Night Jazz Set : 16h-20h30 • Brunch $17-$24, plats $18-$36.

Apollo Theater

Minton's Playhouse

Brunch jazz 94 Plan D3

Un des lieux mythiques de Harlem et du monde du jazz, berceau du bebop et lieu où les fondations du jazz moderne ont été posées : les plus grands musiciens de jazz se produisaient à Minton's. Venez pour l'un de leurs dîners jazz et faites un saut dans le passé, en plongeant avec bonheur dans le Harlem des années 1940.

206 W 118th St., entre Adam Clayton Powell Jr Blvd et St Nicholas Ave. • M° 116th St. • (212) 243 22 22 • mintonsharlem.com • T.l.j. 18h-minuit (1h jeu., 3h ven.-sam.) • Plats $19-$56.

Oso

Mexicain 95 Plan D2

Dans un décor moderne et hipster, Oso propose une cuisine mexicaine inventive. On adore leurs cocktails et les œuvres d'art aux murs (dont une fresque murale colorée dans l'esprit mexicain). Idéal pour dîner ou boire un verre.

1618 Amsterdam Ave., entre 139th et 140th St. • M° 137th St.-City College • (646) 858 31 39 • osoharlem.com • Lun.-ven. 11h-22h30 (minuit ven.), sam. 11h-15h30 (brunch) et 17h-minuit, dim. 11h-15h30 (brunch) et 17h-22h30 • Quesadillas $12.

Bars, clubs Sorties

Apollo Theater

Salle de spectacles 50 Plan D2

Créé en 1914, l'Apollo Theater fut d'abord une salle d'opéra strictement réservée aux Blancs. À partir de 1934, Frank Schiffman reprend sa direction et le transforme en une salle de spectacles qui devient un des hauts lieux d'expression des artistes noirs, américains. Le nouveau directeur met en place la célèbre « Nuit des amateurs », qui lança entre autres James Brown et Sarah Vaughan. Cette tradition persiste chaque mercredi à partir de 19h30.

253 W 125th St., entre Frederick Douglass Blvd et Adam Clayton Powell Jr Blvd • M° 125th St. • apollotheaters.org • Résa : (800) 745 30 00 • ticketmaster.com • Box office : (212) 531 53 05 (billetterie et infos)

• Lun.-ven. 10h-18h, sam. 12h-17h (selon programmation) • Entrée $20-$300.

Marjorie Eliot's Parlor Jazz

Club de jazz 51 Plan D1

Marjorie Eliot ouvre depuis des années les portes de son appartement à Washington Heights tous les dimanches après-midi pour un concert de jazz haut en couleur. Ici, pas de chichis. Pas besoin de ticket ou de réservation – le concert est gratuit et ouvert à tous. Le piano n'est pas parfaitement accordé mais ça ne fait qu'ajouter au charme et à l'authenticité du moment.

555 Edgecombe Ave., apt 3F • M° 163rd St.-Amsterdam Ave. • (212) 781 65 95 • Dim. 15h30-18h • Concerts gratuits, dons acceptés.

Smoke

Club de jazz 52 Plan D3

Ce club, bien que moins connu du grand public et plus excentré, vaut largement le détour ! La programmation est riche, l'ambiance chaleureuse et les jam-sessions du lundi permettent d'assister à de très bonnes prestations. Trois à cinq sessions par soir à partir de 19h (dîner obligatoire pour les deux premières).

2751 Broadway, entre 105th St. et 106th St. • M° 103rd St. • (212) 864 66 62 • smokejazz.com • Mar.-sam. 16h-23h • Entrée payante pour certains sets, $15-$45 par set + dîner $42 minimum, ou $10-$20 minimum au bar (selon les soirs).

The Grange

Bar 53 Plan D2

Une adresse hipster dans Hamilton Heights. Plongés dans une lumière tamisée, les clients apprécieront le côté rustique de cet établissement. On peut également y manger de façon simple, mais efficace.

1635 Amsterdam Ave., entre W 140th et W 141st St. • M° 145th St. • (212) 491 16 35 • thegrangebarnyc.com • T.l.j. 17h-23h (bar : minuit, brunch : sam.-dim. 11h-15h30) • Cocktails $13-$15 (happy hour t.l.j. 17h-19h).

Hôtels B&B

Aloft Harlem

Design Plan D2

À quelques blocks de l'université de Columbia et de l'Apollo Theater, un hôtel *urban style* avec sa déco tendance, ses équipements high-tech et son ambiance décontractée. Petite restauration 24h/24, salle de fitness, billard et cocktails au lounge bar.

2296 Frederick Douglass Blvd (8th Ave.), entre W 123rd et W 124th St. • M° 125th St. • (212) 749 40 00 • marriott.com • $103-$378.

Shopping Cadeaux

VOIR p. 160 :

Malcolm Shabazz Harlem Market Plan p. 162

BROOKLYN : DUMBO ET BROOKLYN HEIGHTS

16

Vous serez séduit à coup sûr par le charme et la diversité de Brooklyn, ce faubourg de New York rendu célèbre par tant d'écrivains, de cinéastes, de poètes et d'artistes. Du quartier postindustriel de DUMBO (Down Under the Manhattan Bridge Overpass) à celui de Brooklyn Heights, chic et huppé, cette partie de Brooklyn n'a vraiment rien à envier à Manhattan !

Middagh Street

1 Brooklyn Bridge***

Dessiné en 1867 par John Augustus Roebling et achevé en 1883, ce pont demeure, depuis ce jour, un des monuments les plus prestigieux et mythiques de New York. Long de près de 2 km, il offre sur Manhattan un panorama unique. Un must !

Historique

Durant le XIXe s., la ville de New York et celle de Brooklyn, alors indépendantes, subissent un essor démographique considérable. Elles comptent à elles deux 220 000 habitants en 1830, puis un million en 1860 ! Il apparaît alors nécessaire de les relier, en construisant un pont pour faciliter la circulation des hommes et des marchandises. En 1866, la ville de New York vote une loi pour sa construction.

Son élaboration

Les plans du pont de Brooklyn ont été dessinés par John A. Roebling, un ingénieur d'origine allemande qui a mis au point le

Brooklyn Bridge

câble métallique. Les travaux débutent en 1867, mais Roebling meurt deux ans plus tard sans que ceux-ci soient achevés. Son fils, Washington, prend la relève et mène le projet à bien malgré un accident de chantier. En 1883, le pont est enfin inauguré, et Brooklyn devient partie intégrante de New York City. Avec près de 2 km de long (1 825 m exactement), 26 m de large, quatre câbles en acier de 40 cm de diamètre (permettant son soutien) et deux tours d'environ 90 m de haut, le pont de Brooklyn, sublime accomplissement architectural, devient une véritable icône aux yeux du monde.

Entrée sur Park Row, à hauteur de Centre St.

2 Brooklyn Bridge Park✦✦✦

Plus de 2 km de jardins, pistes cyclables et aires de jeux en bord de fleuve pour profiter de vues sublimes sur Manhattan ! Niché entre les deux ponts et de vieux entrepôts de tabac, le pittoresque Empire Fulton Ferry Park abrite le Jane's Carousel, un carrousel de 1922 mis sous verre par Jean Nouvel. Au pied de Brooklyn Bridge, Fulton Ferry Landing et sa maison de gardien de phare précèdent les pelouses très prisées de **Pier 1**, où le **Squibb Park Bridge** permet de relier Brooklyn Heights. Nouvelle addition, le **Pier 3** a été transformé en parc urbain planté de sassafras, de genévriers et de pins.

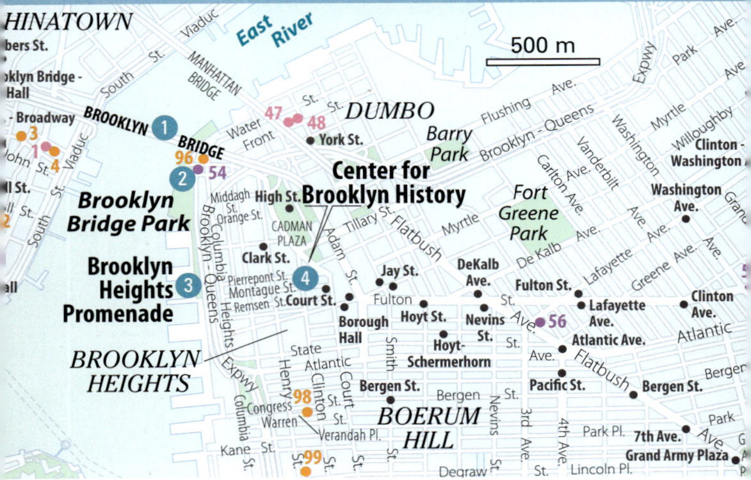

Plusieurs parcs entre Manhattan Bridge et Atlantic Ave. • brooklynbridgepark.org • T.l.j. 6h-1h.

3 Brooklyn Heights Promenade⁺⁺⁺

C'est, au coucher du soleil, la promenade romantique par excellence, avec ses vues de carte postale sur le port de New York et la statue de la Liberté. À l'est, Brooklyn Heights, quartier mythique et historique. C'est le plus vieux quartier de Brooklyn. Il devient dès 1810 un lieu à la mode, doté du charme

Pause homard : Luke's Lobster

Un pain brioché copieusement garni de chair de homard à prix doux, c'est la promesse tenue par cette petite chaîne de restauration new-yorkaise qui s'approvisionne directement auprès de pêcheurs du Maine. D'autres options incluent sandwichs au crabe, aux crevettes, mais aussi chaudrée de palourdes *(clam chowder)* et bisque de homard. Le tout à croquer à l'intérieur, dans un décor digne d'une cabane de pêcheur, ou sur les quais, dans l'ombre du Brooklyn Bridge.

96 *11 Water St. • ☎(917) 882 75 16 • lukeslobster.com • T.l.j. 12h-20h • Sandwichs : homard $20-$28, crabe $16-$23, crevettes $11-$16 ; clam chowder $7-$26 ; bisque de homard $9-$34.*

d'un village et de la proximité de la « grande ville ». Aujourd'hui encore, il compte parmi les endroits les plus beaux et les plus chers de New York. Prenez le temps d'observer les maisons en bois du début du XIXe s. sur **Middagh Street** (n° 24, 27, 30), les somptueuses villas des alentours de **Henry Street**, les jardins fleuris et les terrasses de cafés le long de rues arborées. Enfin, entrez dans la **Chase Bank** pour admirer ses intérieurs inspirés de la Renaissance italienne. Un quartier au charme fou !

Accès par Montague St.; au-dessus de Brooklyn-Queens Expressway • Accès par Columbia Heights, entre Orange St. et Remsen St.

4 Center for Brooklyn History✦✦

Poussez la porte du Center for Brooklyn History pour ses géniales expos temporaires et sa bibliothèque tout en bois classée Monument historique. Des fermes hollandaises du XVIIe s. à l'industrialisation du XIXe s., en passant par l'ouverture du Fulton Ferry, la construction de Brooklyn Bridge, le rôle des femmes dans l'industrie et la crise économique des années 1980, c'est une plongée passionnante et richement documentée dans l'histoire de Brooklyn.

*128 Pierrepont St. • ☎(718) 222 41 11 • bklynlibrary.org/locations/center-for-brooklyn-history • Ven.-dim. 11h-17h; **fermé jusqu'à nouvel ordre** • Accès libre.*

Restos | Bars | Hôtels | Shopping | Activités

Restos Bistrots

Vinegar Hill House

Jardin 97 C6

Ce charmant restaurant à la façade en briques et à la décoration champêtre est installé dans une rue pavée typique du quartier. Ici, on se régale de petits plats élaborés avec des produits de saison. La cuisine proposée est américaine et moderne. Le jardin est particulièrement agréable pendant les beaux jours. Une belle petite adresse dans un quartier qui en est un peu dépourvu !

72 Hudson Ave., entre Water St. et Front St. • M° York St. • vinegarhillhouse.com • Mar.-jeu. 17h30-21h30, ven. 17h30-22h30, sam. 15h-17h30 (brunch) et 17h30-22h30 • Brunch $17-$23, dîner $26-$41.

La Vara

Tapas 98 Hors plan par C6

Restaurant de tapas version sophistiquée, La Vara célèbre l'héritage maure et juif dans

une cuisine régionale espagnole parfumée de safran, de cumin et d'écorce d'orange. Goûtez leur *garbanzos fritos* ! Savoureux et authentique !

268 Clinton St., entre Verandah Pl. et Warren St. • M° Bergen St. • (718) 422 00 65 • lavarany.com • Lun.-jeu. 17h30-22h, ven. 17h30-23h, sam.-dim. 11h30-23h (22h dim.) • Plats $17-$31 (dîner).

Brooklyn Farmacy

Café gourmand

99 Hors plan par C6

Venez découvrir le charme suranné de cette ancienne pharmacie reconvertie en café qui a gardé tout son cachet : sa devanture vert acidulé, sa commode d'apothicaire, ses bocaux à bonbons sur les étagères... c'est le paradis des calories ! C'est également le royaume des glaces, mais aussi des *sundaes*, milk-shakes, aufres et boissons gazeuses faites maison, déclinées à tous les parfums.

513 Henry St. • (718) 522 62 60 • brooklynfarmacyandsodafountain.com • T.l.j. 14h-22h • Warm brownie sundae $13, milk-shake $10.

Bars, clubs Sorties

Bargemusic

Musique de chambre

54 Plan C6

De la musique de chambre sur une péniche ! Ce *concert hall* flottant au pied de Brooklyn Bridge promet un moment magique avec sa superbe vue sur Lower Manhattan.

Fulton Ferry Landing • M° High St. • (800) 838 30 06 ou résa en ligne • bargemusic.org • Programme et horaires des concerts sur le site • Entrée $35-$45.

Sankofa Aban B&B

Concerts de jazz

55 Plan E6

La journée, rien ne semble distinguer Sankofa Aban B&B des autres *brownstones* de la rue. Ce n'est qu'à la nuit tombée que le n° 107 se met à swinguer. Debbie McClain organise les vendredis et samedis soir des concerts de jazz dans le salon au rez-de-chaussée de son *bed & breakfast* cossu.

Avec seulement une trentaine de places, le cadre est intime. Un piano, une contrebasse, une batterie et une vocaliste qui fredonne les classiques des crooners du jazz américain. On a la douce impression d'assister à un concert privé quelque part à la Nouvelle-Orléans.

107 Macon St. • M° Nostrand Ave. • (917) 704 92 37 • Concerts ven.-sam. à 21h • Entrée env. $40, sur résa par tél.

Brooklyn Academy of Music

Salle de spectacles 56 Plan D6

Des performances de Laurie Anderson aux ballets de Pina Bausch, l'avant-gardiste BAM balaie tous les champs artistiques depuis 1861 : opéra, danse, musique, théâtre et cinéma d'auteur.

30 Lafayette Ave., angle Ashland Place • M° Lafayette Ave. • (718) 636 41 00 • bam.org • Box office : mar.-sam. 12h-18h • Entrée à partir de $20.

Hôtels B&B

Aloft Brooklyn

Design Plan I7

Chambres sobres et confortables, espaces communs à la déco fraîche et *poppy*, centre de fitness, terrasse et piscine commune avec le Sheraton voisin… C'est Aloft Harlem (p. 165) version Brooklyn !

216 Duffield St., entre Willoughby St. et Fulton St. (plan D6) • M° Jay St. ou Hoyt St. • (718) 256 38 33 • marriott.com • À partir de $140.

Shopping Cadeaux

Brooklyn Flea

Marché aux puces 47 Plan C6

Les New-Yorkais se donnent rendez-vous dans ce marché aux puces authentique. Sa renommée étant faite, vous y croiserez des New-Yorkais en quête d'objets atypiques et rétro. L'atmosphère qui y règne rendra votre balade agréable, et vous pourrez déguster sur la route de délicieux mets.

Anchorage Place (at Water St.) • M° York St. • brooklynflea.com/markets/dumbo • Avr.-nov. : dim. 10h-17h.

Front General Store

Concept store 48 Plan C6

Bien étonnant si vous ne trouvez pas votre affaire dans cette boutique vintage hyper photogénique de DUMBO ! Entre les objets déco, les superbes bijoux amérindiens, les céramiques, la papeterie rétro et les fripes, les lunettes de soleil, les paires de bottes cowboys et les vestes en jean, il y en a pour tous les goûts et à tous les prix.

143 Front St. • M° York St. • (646) 573 01 23 • frontgeneralstore.com • Lun.-sam. 11h30-19h30, dim. 10h30-18h30.

BROOKLYN : DE PARK SLOPE À CONEY ISLAND

17

Cette portion de Brooklyn réserve bien des surprises : un quartier bourgeois qui rappelle le Londres victorien, un musée 5-étoiles riche en art américain, un Père-Lachaise XXL, un complexe industriel du XIXe s. reconverti en ruche d'entreprises et marché gourmet et, tout au sud... Luna Park, les manèges de Coney Island au bord de l'océan. Sur la plage de Brighton Beach, on dévore des hot-dogs de chez Nathan's en regardant le soleil plonger derrière Staten Island.

Coney Island

1 Park Slope✦✦

Ce quartier cossu entre Prospect Park et 4th Ave., l'un des plus séduisants de Brooklyn, plaira aux amateurs de balades architecturales, entre *brownstones*, villas excentriques et cafés cosy. À commencer par le bluffant **Montauk Club**, créé en 1889, une quasi-réplique de la Ca' d'Oro de Venise (angle Lincoln Pl. et 8th Ave.), mais avec frises d'Indiens ! Les très paisibles **St John's Place, Lincoln Place, Berkeley Place**, bordées de belles demeures, vous donneront à coup sûr des envies d'expatriation... On retrouve l'animation commerçante sur 5th Ave. et 7th Ave., puis, au sud de 9th St., on découvre un Park Slope bien plus populaire aux modestes maisons de briques, héritage d'une longue tradition ouvrière dont témoigne le bâtiment d'**Ansonia Clock** (angle 7th Ave. et 12th St.), un temps la plus grande horlogerie du monde.

Flatbush Ave. (N), Prospect Ave. (S), 4th Ave. (O) et Prospect Park West (E).

Brownstones à *Park Slope*

2 Brooklyn Museum✦✦✦

Le Brooklyn Museum pourrait bien être votre plus belle expérience de musée d'art à New York ! C'est qu'à côté de sa collection égyptienne, l'une des plus belles au monde, et de ses collections européennes (Degas, Monet, Cézanne...), il recèle une fabuleuse collection d'art américain à découvrir au fil d'une exposition permanente et d'une incursion dans les réserves du musée !

Art américain

De l'académisme de Gilbert Stuart (*George Washington*, 1796) à la peinture sociale de Maurice Kish (*Job Hunters*, 1933), des paysages spectaculaires de l'Ouest américain d'Albert Bierstadt (*A Storm in the Rocky Mountain*, 1866) aux corps langoureux de la sculptrice Malvina Hoffman, ou encore des peintures réalistes de Winslow Homer (*In the Mountains*, 1877) aux natures mortes d'Alexander Pope évoquant la guerre de Sécession (*Emblems of the Civil War*, 1888), « American Art » est un formidable voyage à travers l'histoire de l'art américain et celle de la nation.

Visible Storage

Quelle belle idée que d'ouvrir une partie des réserves du musée au visiteur ! On se sent privilégié à pénétrer cette caverne mystérieuse plongée dans la

semi-obscurité d'où jaillissent des centaines d'œuvres d'art. Sculptures, lampes Tiffany, céramiques et mobilier. Chaque objet est référencé et peut être consulté sur la base de données!

200 Eastern Parkway • (718) 638 50 00 • brooklynmuseum.org • Mer. et ven.-dim. 11h-18h (23h 1er sam. du mois, sf janv. et sept.), jeu. 11h-22h; fermé Thanksgiving, Noël et j. de l'An • Don suggéré : $16.

3 Prospect Park✦

Central Park version Brooklyn! Ces 300 ha de verdure ont été aménagés par les mêmes architectes, Olmsted et Vaux, en 1867. Lacs, prairies, forêt naturelle et zoo font le bonheur des Brooklynites dès le week-end venu. Le must est sans aucun doute le Botanic Garden.

Grand Army Plaza • (718) 965 89 51 • prospectpark.org • T.l.j. 5h-1h
Botanic Garden : *990 Washington Ave. • (718) 623 72 00 • bbg.org • Mars-oct. : mar.-ven. 8h-18h (20h30 mar. et jeu. juin-sept.), sam.-dim. 10h-18h; nov. : mar.-ven. 8h-16h30, sam.-dim. 10h-16h30; déc.-fév. : mar.-dim. 10h-16h30; fermé Labor Day, Noël et j. de l'An • Entrée : $18, gratuit mar.-ven. déc.-fév.*

4 Green-Wood Cemetery✦

Le Père-Lachaise de New York a fière allure avec sa grandiose porte néogothique, ses collines boisées, ses pelouses piquées de tombeaux extravagants et ses larges allées sinueuses où glissent de grandes limousines noires façon *Six Feet Under*. Prenez un plan à l'accueil : personnalités et mémoriaux y sont indiqués. Puis partez à l'assaut de **Battle Hill**, terrain d'affrontement entre Anglais et Patriotes lors de la bataille de Brooklyn (1776). La vue sur Manhattan y est superbe et la tombe de Leonard Bernstein, compositeur de la célèbre comédie musicale West Side Story, toute proche.

500 25th St., angle 5th Ave. • ☏(718) 768 73 00 • green-wood.com • Avr.-sept. : t.l.j. 7h-19h, oct.-mars : t.l.j. 8h-17h • Accès libre.

5 Industry City✦✦

Cet ancien complexe industriel de neuf bâtiments a été reconverti en pépinière d'activités avec espaces de *coworking*, galeries d'art, *food hall* et boutiques de déco. Dans les années 1960, au plus fort de son activité, 25 000 ouvriers travaillaient dans cette ville dans la ville ! Imprimeurs, fabricants de jouets et ouvriers textiles ont cédé la place aux designers, chocolatiers, artistes… Flânez le long de l'allée centrale traversant tous les bâtiments, passez à la boutique du chocolatier Li-Lac Chocolates (lun.-ven. 10h-17h, sam.-dim. 11h-17h), puis posez-vous au soleil, dans l'une des cours aménagées, pour un concert ou un festival de gastronomie !

Entre 2nd et 3rd Ave. et entre 32nd et 37th St. • ☏(718) 965 64 50 • industrycity.com • T.l.j. 8h-21h • Accès libre.

6 Coney Island et Brighton Beach✦✦

Les terminus des lignes de métro B, D, F, N, Q vous mèneront à la plage la plus populaire de New York. Et vous pourrez même vous y baigner ! Une destination très prisée en été… Coney Island est également connue pour son

Pause world food : Industry City Food Hall

Dans un décor industriel bien léché, plus de 20 restos de spécialités du monde entier : cuisine familiale indienne (Taza Mkt), street food thaïe (Bangkok Bar) et turque (Kotti Berliner Döner Kebab), « avocaderie » (Avocaderia), barbecue 100 % américain (Hometown BBQ), épicerie fine libanaise (Sahadi's) et même un village japonais entier où déguster currys, *noodles*, sushis, *bentos*… Le tout à apprécier dans des espaces collectifs intérieurs ou dans les jardins.

100 ***274 36th St. • industrycity.com • Horaires variables selon les restaurants.***

parc d'attractions **Luna Park,** aujourd'hui un peu désuet, mais qui fut, entre 1880 et 1940, le plus grand parc de loisirs de tous les États-Unis. À l'autre bout de la promenade, Brighton Beach, surnommée **Little Odessa,** vous invite, avec ses boutiques et restaurants russes, à un tout autre voyage… Passez vous ravitailler chez **Nathan's Famous,** le roi du hot-dog, une institution depuis 1916 !

Au sud de Brooklyn, au bord de l'océan. **Nathan's Famous :** *1310 Surf Ave. • (718) 333 22 02 • Dim.-jeu. 11h-23h, ven.-sam. 10h-minuit • Hot-dog $4,75.*

Restos | Bars | Hôtels | Shopping | Activités

Restos Bistrots

Cafe Regular du Nord

Café 101 Hors plan par D6

Glissez-vous derrière les bow-windows de cette ancienne boutique de fleurs. Vous y trouverez un café au charme suranné et à l'inimitable papier gaufré ripoliné. On se love dans les banquettes rouges sans âge pour boire un café, croquer une pâtisserie en tournant les pages du dernier Paul Auster – un voisin –, et épier le manège des *regulars* (habitués) de Park Slope.

158A Berkeley Place • M° Grand Army Plaza • (718) 783 06 73 • caferegular.com • T.l.j. 8h-16h • Boissons $3-$5.

Infos Covid-19 ⚠

Compte tenu du contexte sanitaire, de nombreuses adresses sont amenées à restreindre leur ouverture et à s'adapter à la situation. Nous vous recommandons de vérifier leurs horaires sur leur site Internet ou leur page Facebook.

Tom's Restaurant

Américain 102 Hors plan par D6

Pancakes géants et moelleux à souhait, œufs déclinés à toutes les sauces, carte de sandwichs longue comme le bras… Dans ce *diner* populaire au décor un peu fourre-tout et à la bonne ambiance, les standards de la cuisine américaine sont servis dans de copieuses portions, et ce depuis 1936 ! Vous serez gentiment accueilli, et, si vous êtes lève-tard, vous pourrez y prendre le petit déjeuner à n'importe quelle heure de la journée.

782 Washington Ave., angle Sterling Place • M° Eastern Parkway Brooklyn Museum • (718) 636 97 38 • tomsbrooklyn.com • Lun.-ven. 7h-17h, sam. 7h-21h, dim. 8h-20h • Plats $5,50-$15,50.

Brooklyn Grange Farm

Shopping Cadeaux

Brooklyn Superhero Supply Company

Super-héros

49 Hors plan par D6

Que les fans de Marvel et de bandes dessinées se réjouissent. Dans cette boutique à côté de Park Slope, vous pourrez acheter toute votre panoplie de super-héros. Et on ne parle pas (que) des costumes mais bien du matériel indispensable à tout personnage aux super-pouvoirs : élixir d'immortalité, jerrican anti-gravité, pilules d'invisibilité, spray de vision à rayons X. Le moins que l'on puisse dire, c'est que vous aurez un cadeau original ! Et surtout, vous ferez une bonne action. Une porte dérobée cache les bureaux de 826NYC, une association de soutien scolaire aux enfants en difficulté qui gère ce magasin à but non lucratif.

372 5th Ave. • M° 4th Ave.-9th St. • (718) 499 98 84 • superherosupplies.com • Sam.-dim. 12h-18h.

Activités Détente

Brooklyn Grange Farm

Un modèle de ferme urbaine, installée sur le toit d'un immeuble. Vous pourrez y suivre des ateliers liés à l'agriculture, prendre des cours de yoga et dîner parmi les plants de tomates et d'herbes aromatiques. La ferme se répartit sur 3 sites, dont un autre à Brooklyn et à Long Island City.

Sunset Park, 850 3rd Ave., Roof • M° 25th St. ou 36th St. • brooklyngrangefarm.com • Consulter le site Internet pour connaître les différentes antennes de la ferme et le programme.

BROOKLYN : WILLIAMSBURG ET GREENPOINT

18

Enclave hyper branchée dont l'aura rayonne dans le monde entier, Williamsburg est la quintessence même du cool. Fabriques métamorphosées en lofts, friperies, disquaires, restaurants locavores, bars bohèmes et clubs décapants… C'est avant tout une atmosphère que l'on vient respirer dans ses rues débordantes de joie de vivre, d'énergie créative et de bonne musique. Au nord, plus confidentiel, Greenpoint – et son quartier polonais – est en passe de devenir lui aussi ultra-tendance.

Bedford Avenue

1 Bedford Avenue✦✦

Bars rétro, restos branchés, boutiques vintage… À la sortie du métro L, ce tronçon entre Metropolitan Ave. et North 12th St. est un véritable concentré du Williamsburg *hype*… Mais n'y vit pas qui veut ! Un appartement acheté ici en 1980 se revend aujourd'hui… 300 fois plus cher ! La gentrification de ce quartier populaire est arrivée par cette avenue : dans les années 1980, artistes et étudiants, fuyant les loyers indécents de Manhattan, ont transformé les espaces industriels en studios. Suivirent les galeries d'art, puis les restos, les boutiques… et l'augmentation des prix de l'immobilier. La logique, poussée à l'extrême aujourd'hui, commence à chasser ces mêmes boutiques indépendantes, qui ont fait la saveur du quartier, incapables de rivaliser avec les chaînes.

Marsha P. Johnson State Park

2 Brooklyn Brewery Company✦

La petite brasserie traditionnelle fondée par deux copains en 1988 exporte aujourd'hui ses bières artisanales dans le monde entier. Une *success-story* à l'américaine contée lors des visites guidées. Tous les week-ends, la foule fait la queue sur le trottoir pour déguster l'une des variétés de cette bière 100 % brooklynienne dans la Tasting Room (bière $6, « bières spéciales » $11). Ambiance garantie !

79 N 11th St. (1 Brewers Row), entre Wythe Ave. et Berry St. • ☎(718) 486 74 22 • brooklynbrewery.com • Tasting Room : lun.-jeu. 16h-21h, ven. 12h-22h, sam. 12h-23h, dim. 12h-20h • Visite guidée : mar.-ven. à 16h, 18h (résa sur le site), à partir de $17 • Visite gratuite dim. ttes les heures 13h-18h.

3 Marsha P. Johnson State Park✦

Une plage de sable blanc où poser sa serviette ? Avec l'Empire State Building en guise de phare ? C'est possible dans ce petit parc aménagé sur les anciens docks de Brooklyn (pas de baignade en revanche). Et c'est encore mieux le samedi, lorsque le marché de **Smorgasburg** (11h-18h ; smorgasburg.com) déploie ses stands gourmets dans une ambiance de kermesse ! Des pelouses invitant au farniente, des aires de jeux pour les enfants parmi les vestiges du terminal ferroviaire qui desservait les quais (rails, rues pavées), bref, l'endroit idéal pour se mêler aux New-Yorkais dans une atmosphère relaxe.

90 Kent Ave. • ☎(718) 782 27 31 • parks.ny.gov • Tte l'année de l'aube au crépuscule • Accès libre.

❹ Artists & Fleas✦✦

Tous les week-ends, cet entrepôt des années 1930 se transforme en marché ultrabranché.
Entre la petite brocante et les fringues vintage, pas moins de 75 jeunes artistes et designers de Williamsburg vendent leurs créations en direct. Un très bon spot pour s'imprégner de l'ambiance du quartier, flairer les nouvelles tendances et rapporter des pièces uniques !

70 N 7th St., entre Wythe Ave. et Kent Ave. • artistsandfleas.com • Sam.-dim. 11h-18h.

❺ Domino Park✦✦

Une vraie réussite que ce parc aménagé au bord d'East River : vue imprenable sur Manhattan, plage de beach-volley l'été, gradins en bois où buller, fontaines, promenade, boulodrome et *taquería* avec terrasse… Mais Domino Park, c'est aussi l'histoire de la reconversion de la raffinerie de sucre **Domino Sugar**, la plus grande du monde à la fin du XIXe s., dont les portes ont fermé en 2004. Tandis que l'usine de briques au style néoroman a été reconvertie en appartements de luxe, grues géantes, bittes d'amarrage, convoyeurs à godets et ponts de levage ripolinés en bleu turquoise (!) ont trouvé leur place dans le parc… pour la plus grande fierté des anciens ouvriers.

15 River St. (entrée 300 Kent Ave). • ☎(212) 484 27 00 • dominopark.com • Lun.-dim. 6h-1h • Accès libre.

6 Greenpoint✦

Coincé entre Williamsburg et le Queens, le quartier de Greenpoint offre deux visages contrastés. Le long de Greenpoint et Manhattan Ave., c'est le populaire et modeste **Little Poland**, le cœur de la communauté polonaise de New York depuis les années 1880. On y trouve des restaurants, des pâtisseries, de nombreuses églises catholiques, mais aussi des logements ouvriers typiques du XIXe s., construits pour les travailleurs polonais et russes, à l'image des **Astral Appartments** (1886) sur Franklin St. (entre Java et India St.). Tout un monde aujourd'hui menacé par une gentrification galopante : bâtiments industriels convertis en logements, résidences de luxe, boutiques vintage, studios et salle de cinémas d'art et essai, cafés trendys…

Pause bistrot : Five Leaves

Poste avancé de la gentrification de Greenpoint, ce bistrot à l'allure très parisienne est le spot idéal pour débuter la journée ou *luncher* en terrasse. On s'y presse dès le matin pour des classiques du petit déjeuner américain : *eggs on bun*, avocat sur toast, granola, viennoiseries maison, pancakes au sirop d'érable. Au déjeuner, huîtres, salades et sandwichs originaux à l'image du *Five Leaves Burger* (bœuf, ananas grillé, betteraves marinées et mayonnaise à la harissa !).

103 ***18 Bedford Ave. • ☎(718) 383 53 45 • fiveleavesny.com • Breakfast $10-$16, pancakes $18, salades $10-$14, sandwichs $17-$20 avec frites ou salade, plats (le soir) $17-$32, Five Leaves Burger $20.***

Restos Bistrots

Peter Luger Steak House

Steakhouse 104 Plan D5

Bien que fort onéreuse, il serait vraiment dommage de venir à New York sans tenter l'expérience de la *steakhouse*. Et dans ce domaine, Peter Luger est LA référence. Le steak est incroyablement savoureux et les frites tout aussi succulentes !

178 Broadway, entre Bedford Ave. et Driggs Ave. • M° Marcy Ave. • (718) 387 74 00 • peterluger.com • Lun.-jeu. 11h45-21h45, ven.-sam. 11h45-22h45, dim. 12h45-21h45 • Plats $35,95-$69,95, steak pour 2 $123,90, plat du jour (midi uniquement) $18,95-$43,95, burger (jusqu'à 16h) : $18,95 • Paiement en espèces uniquement • Résa obligatoire.

Roberta's

Pizzeria 105 Plan E5

Les pizzas *absolutely delicious* de Roberta's, à la pâte fine et croustillante, valent bien le trajet en métro ! Niché dans un ancien hangar à l'est de Williamsburg, ce restaurant aussi *roots* que cool a de nombreux fans et attire aussi bien les hipsters que les gourmets, avec sa cuisine locavore, simple et diablement goûteuse. Si vous n'avez pas envie de pizzas, on y sert d'excellents burgers, pâtes et plats végétariens.

261 Moore St., entre White St. et Bogart St. • M° Morgan Ave. • (718) 417 11 18 • robertaspizza.com • Mer.-ven. 17h-23h, sam.-dim. 12h-22h • Pizzas : $15-$23 (+ topping : $1-$5).

Juliette

Bistrot 106 Plan D4

Le décor de vieux bistrot parisien, la musique rétro et la cuisine honnête ont fait de ce café-bar-restaurant l'une des adresses les plus populaires du quartier. Le brunch est très couru et, aux beaux jours, on profite du toit-terrasse.

135 N 5th St., niveau Bedford Ave. • M° Bedford Ave. • (718) 388 92 22 • juliettewilliamsburg.com • Lun.-ven. 12h-22h, sam.-dim. 10h-22h (brunch 12h-16h en sem., 10h-16h le w.-end; happy hour lun.-ven. 16h-18h) • Plats $12-$34.

Lilia

Italien 107 Plan D4

C'est l'adresse branchée du moment à Brooklyn, tout est parfait dans ce restaurant italien trendy. Si vous devez attendre une table, il y a un bar annexe où vous pourrez prendre l'*aperitivo* avant de déguster leur *agnolotti* au lait de brebis, safran, tomates séchées et miel (un des meilleurs plats !).

567 Union Ave. • M° Bedford Ave. • (718) 576-30 95 • lilianewyork.com • T.l.j. 16h-21h30 • Plats $18-$29.

Greenpoint Fish & Lobster

Poissons 108 Plan D4

Un comptoir à poissons frais où vous pouvez acheter votre poisson comme à la poissonnerie ou bien dîner au bar. Soles, rougets, bars, limandes et daurades arrivent sur les étals en fonction de la pêche du jour. La recette du succès : des produits d'excellente qualité issus d'une pêche responsable et durable.

114 Nassau Ave., entre Eckford St. et Leonard St. • M° Nassau Ave. • (718) 349 04 00 • greenpointfish.com • Mer.-jeu. 17h-22h, ven.-dim. 12h-16h et 17h-22h • Fish & chips *$20.*

Francie

Bistronomique 109 Plan D5

Restaurant étoilé, Francie propose une cuisine américaine moderne d'inspiration franco-italienne. Les plats, délicieux, sont servis dans un décor bistronomique. Ne ratez pas la spécialité de la maison, le *dry-aged crown of duck* (canard rôti maturé sur place, $120 pour deux personnes), à la peau croustillante à souhait. Et, s'il vous reste de la place, le maître d'hôtel vous présentera un vrai chariot à fromages – chose très rare à New York ! – avec une belle sélection de fromages français et américains.

134 Broadway, angle Bedford Ave. • M° Marcy Ave. • (718) 218 75 72 • franciebrooklyn.com • Mar.-sam. 17h30-22h30 • Plats $20-$36.

Dépanneur

Sandwichs 110 Plan D4

Des produits frais, de qualité et souvent bio joliment alignés sur des étagères en bois ; une sandwicherie de 1re classe offrant une multitude de pains et des garnitures (*prosciutto-mozzarella*, saumon fumé, salade d'œuf)... que l'on peut aussi mélanger en salade ; et un café piloté par des experts en *cold brew* (café filtré à froid) et autres délicatesses caféinées à accompagner de viennoiseries maison... Bref, un *deli* parfait où prendre le petit déj ou un *lunch* en terrasse.

242 Wythe Ave. • M° Bedford Ave. • (347) 227 84 24 • depanneur.com • T.l.j. 7h30-18h • Sandwichs $11-$15.

Birds of a Feather

Chinois 111 Plan D5

Installé dans le Williamsburg cool, ce restaurant propose une cuisine du Sichuan, région du sud-ouest de la Chine réputée pour sa gastronomie épicée. On commence le repas par une sélection de *dim sum* ($8-$11) faits maison, ces délicieuses petites bouchées aux saveurs variées. On a ensuite le choix entre de nombreux plats à base de crabe, porc, tofu, poulet et légumes sautés. Attention, certaines préparations sont très épicées ; référez-vous au nombre de piments qui figurent à côté de chaque plat sur le menu.

191 Grand St., entre Driggs Ave. et Bedford Ave. • M° Bedford Ave. • (718) 969 68 00

• birdsofafeatherny.com • Lun.-jeu. 12h-15h30 et 17h-22h (22h30 ven.), sam. 12h-22h30, dim. 12h-22h • Plats $17-$32.

Diner

Américain 112 Plan D5

Dîner dans une ancienne voiture Pullman des années 1920, voilà une expérience peu commune ! Banquettes en bois de 3e classe, long bar en marbre, boiseries d'époque, toit d'origine… Le soir, on s'y presse pour déguster champagne et cocktails dans une atmosphère chic et animée. Le menu, revu tous les jours, privilégie les produits locaux et de saison (*caponata* d'aubergine, moules, brick de poulet…).

85 Broadway • M° Marcy Ave. • (718) 486 30 77 • dinernyc.com • T.l.j. 11h-15h30 (lunch en sem. brunch le w.-end) et 17h-22h • Plats $25-$46, cocktails $15.

Emmy Squared

Pizzeria 113 Plan D5

On goûte ici à la spécialité de la plus grande ville du Michigan : une pizza rectangulaire, cuite au feu de bois, à la pâte gonflée comme du pain et aux bords incroyablement croustillants… empruntée à la Sicile. Les Red (rouges), avec sauce tomate, et les White (blanches), sans, sont agrémentées de garnitures épatantes : *pepperoni, meatballs,* mozzarella au lait de bufflonne, piments de Calabre, pecorino… Des pizzas si généreuses et gourmandes qu'il vaut mieux les partager !

364 Grand St. • M° Metropolitan Ave. • (718) 360 45 35 • emmysquaredpizza.com • Lun.-jeu. 17h-21h, ven.-sam. 12h-22h, dim. 12h-21h • Pizzas $16,50-$27.

Dun-Well Doughnuts

Donuts 114 Plan E5

On vient chez Dun-Well Doughnuts pour leurs *doughnuts* végans colorés. Nos préférés ? Ceux à la noix de coco grillée, à la cannelle et au beurre de cacahuète !

222 Montrose Ave., entre Bushwick Ave. et Humboldt St. • M° Montrose Ave. • (347) 294 08 71 • dunwelldoughnuts.com • T.l.j. 8h-18h • $3-$3,25 le donut; $16,50 la demi-douzaine.

Bars, clubs Sorties

Hotel Delmano

Bar à cocktails 57 Plan D4

Il s'agit d'un bar à cocktails façon *speakeasy,* l'un des meilleurs du quartier. L'entrée est discrète, car il n'y a pas d'enseigne. Allez-y pour son adorable décor vieillot avec ventilateurs en bois, comptoir en marbre, peintures passées et photos sépia. L'ambiance est chaleureuse, la clientèle jeune et les cocktails délicieux. Les heures de fermeture sont un peu aléatoires !

82 Berry St., entrée N 9th St. • M° Bedford Ave. • (718) 387 19 45 • hoteldelmano.com • Lun.-jeu. 17h-2h, ven. 17h-3h, sam. 14h-3h, dim. 14h-2h • Cocktails $15.

Surf Bar

Bar 58 Plan D4

Un petit goût d'Hawaï à Brooklyn ! Kitsch à souhait, le décor foutraque de ce petit bar fourmille de bibelots vintage, de planches de surf et de guirlandes lumineuses. Dans une ambiance *very cool*, on y sirote des cocktails exotiques les pieds dans le sable ou dans le jardin. Très agréable quand le soleil est de la partie.

139 N 6th St., entre Bedford Ave. et Berry Ave. • M° Bedford Ave. • (718) 302 44 41 • brooklynsurfbar.com • Dim.-jeu. 12h-minuit, ven.-sam. 12h-1h30 • Plats $12-$28, cocktails $15.

National Sawdust

Salle de spectacles 59 Plan D4

Un mini-Carnegie Hall avant-gardiste où vous pouvez venir écouter de la musique éclectique mais également dîner et boire un cocktail. Avec son je-ne-sais-quoi de David Lynch, c'est bien l'endroit le plus branché du moment.

80 N 6th St. • M° Bedford Ave. • (646) 779 84 55 • nationalsawdust.org • Horaires variables • Cocktails $15.

Westlight

Rooftop 60 Plan D4

Allez prendre un verre à Westlight, le rooftop de l'hôtel The William Vale. On aime le décor industriel et le mobilier vintage, les cocktails inventifs et les petits plats à partager. Mais

Westlight

surtout, son époustouflante vue panoramique sur Manhattan vaut au Westlight d'être en bonne place dans le palmarès des plus beaux rooftops de New York.

111 N 12th St. • M° Nassau Ave. • (718) 307 71 00 • westlightnyc.com • Lun.-jeu. 12h-minuit, ven. 12h-2h, sam. 14h-2h, dim. 14h-minuit • Cocktails $18.

Brooklyn Winery

Bar à vins 61 Plan D4

Derrière ce bar à vins cosy se cache un producteur qui élabore tous les crus proposés en plein cœur de Brooklyn. Ne cherchez pas les vignes : la maison s'approvisionne en raisins auprès de vignerons triés sur le volet, presse son jus, veille sur le processus de maturation, avant de procéder aux assemblages de cépages et de coller la désormais célèbre étiquette rouge et blanc « Brooklyn Winery » ! Optez pour le 'Weekends on the Water Flight ($17), une dégustation de trois vins (albaño, sauvignon blanc, dry rosé), qui vous donnera vite une idée du talent des vignerons *made in* Brooklyn.

213 N 8th St. • M° Bedford Ave. • (347) 763 15 06 • bkwinery.com • Lun.-mer. 16h-21h, sam. 13h-22h • Flight (3 verres de vin) $14-$18, bouteilles à partir de $23.

Maison Premiere

Bar à cocktails et à huîtres — 62 Plan D5

Un vieux bar, une lumière tamisée, des barmen qui alignent les médailles *best barista of the world.* Un zinc à faire pâlir les plus beaux bistrots parisiens. De la brique, de la peinture décrépite, des vitres anciennes, un jardin en été. On y va pour déguster les cocktails les plus inattendus. Ne manquez pas ceux à l'absinthe !

298 Bedford Ave. • M° Bedford Ave. • (347) 889 57 10 • maisonpremiere.com • Lun.-jeu. 16h-minuit, ven. 16h-3h, sam. 12h-3h, dim. 12h-1h • Cocktails $16.

Brooklyn Bowl

Salle de concerts — 63 Plan D4

Ce lieu réunit tous les ingrédients pour passer une bonne soirée : une salle de concerts (du rock au hip-hop), 16 pistes de bowling, de l'*american food* et de la bière *made in* Brooklyn. Consultez le calendrier des événements sur le site.

61 Wythe Ave., angle N 11th St. • M° Bedford Ave. • (718) 963 33 69 • brooklynbowl.com • Lun.-ven. 18h-2h, sam.-dim. 11h-2h • Prix de l'entrée variable.

Music Hall of Williamsburg

Concerts rock — 64 Plan D4

Le meilleur de la scène musicale indé *from* Brooklyn et d'ailleurs ! Groupes du moment dont tout le monde parle ou inconnus attirent ici des hordes de hipsters. Agencé sur trois niveaux

Maison Premiere

agrémentés de bars, où que l'on soit, on ne perd pas une miette de ce qui se passe sur scène.

66 N 6th St., entre Kent Ave. et Wythe Ave. • M° Bedford Ave. • (718) 486 54 00 • musichallofwilliamsburg.com • Concerts $15-$35.

Yours Sincerely

Bar 65 Hors plan par E4

Ce bar de Bushwick ressemble plus à un laboratoire qu'à un bar. Vos cocktails sont servis dans des béchers (réminiscence de vos cours de chimie au lycée) et à la pression. Oui, vous avez bien lu : il y a bel et bien une tireuse à cocktails derrière le zinc, sur l'exact même principe que la bière pression.

41 Wilson Ave. • M° Morgan Ave. • (301) 787 95 04 • yourssincerely.co • Lun.-sam. 17h-2h, dim. 17h-minuit • Cocktails $10-$12.

House Of Yes

Club 66 Hors plan par E4

Sans doute le night-club le plus déjanté de New York ! Vous l'aurez compris, à House of Yes, il n'y a qu'une seule règle : dire OUI à tout. D'ailleurs, un grand YES apparaît sur la façade de cet ancien entrepôt du quartier de Bushwick. Vous êtes invité à vous costumer, à danser jusqu'au petit matin, à vous laisser transporter par les performances, souvent aériennes, qui se jouent au milieu de la piste. Préparez-vous à passer une soirée inoubliable.

2 Wyckoff Ave., angle Jefferson St. • M° Jefferson St. • (646) 838 49 37 • houseofyes.org • Mer.-sam. 19h-4h • Entrée $5-$45.

VOIR AUSSI p. 179 :
Brooklyn Brewery Company
Plan p. 180

Hôtels B&B

Wythe Hotel

Industriel revisité Plan D4

Chambres spacieuses et lumineuses, de style minimaliste *old school*, dans une fabrique de textile 1900 revisitée dans l'esprit cool de Brooklyn : baie vitrée pour s'endormir devant la *skyline* de Manhattan, murs de briques et papier peint *made local*. Le restaurant au rez-de-chaussée et le bar au 6e sont très courus.

80 Wythe Ave., angle N 11th St. • M° Bedford Ave. • (718) 460 80 00 • wythehotel.com • $300-$600.

McCarren Hotel & Pool

Rooftop Plan D4

Un hôtel moderne aux chambres spacieuses décorées d'objets iconiques des années 1950. En bonus, la grande piscine extérieure chauffée (ouverte de mai à septembre) et un *rooftop* où siroter un cocktail et dîner. Thé et café gratuits.

160 N 12th St. • M° Bedford Ave.
• (718) 218 10 60 • mccarrenhotel.com
• $240-$280.

Shopping Cadeaux

Beacon's Closet

Friperie 50 Plan D4

Cet entrepôt géant abrite des fripes en tout genre, avec une majorité de pièces *seventies* et *eighties*. Armez-vous de patience et soyez organisé, car c'est un véritable fouillis, et les hipsters qui viennent s'y fabriquer un look branché-cool sont des adversaires de taille.

74 Guernsey St., entre Nassau Ave. et Norman Ave. • M° Nassau Ave.
• (718) 486 08 16 • beaconscloset.com
• T.l.j. 11h-20h.

Brooklyn Industries

Mode 51 Plan D5

Cette marque de sacs et de vêtements urbains *made in* Brooklyn connaît un véritable succès. L'histoire a commencé avec d'originales sacoches en bandoulière, facilement identifiables grâce au logo de la marque : un petit château d'eau noir, bien emblématique des toits de New York.

184 Broadway, angle Driggs Ave.
• (718) 218 91 66 • brooklynindustries.com
• Dim.-mer. 11h-19h, jeu.-sam. 11h-20h; ***fermé jusqu'à nouvel ordre*** *• T-shirt $28-$48, sac $54-$298.*

Brooklyn Fox Lingerie

Lingerie 52 Plan D4

Culottes hautes en satin rose poudré, bustiers pigeonnants à pois, soutiens-gorge triangle transparents, porte-jarretelles en dentelle, ensembles aux frous-frous délicats... La lingerie fine et exquise se pique de clins d'œil rétro !

200 Bedford Ave. • M° Bedford Ave.
• (718) 599 15 55 • brooklynfoxlingerie.com • Lun.-ven. 10h-19h, sam.-dim. 12h-19h
• Soutien-gorge $38-$210.

VOIR AUSSI p. 180 :
Artists & Fleas Plan p. 180

Activités Détente

McCarren Park Pool

Datant des années 1930, cette immense piscine de plein air est chérie des Brooklynites tout l'été.

776 Lorimer St. • nycgovparks.org • Juin-août, t.l.j. 11h-15h et 16h-19h • Accès libre.

LES MEILLEURES SALLES DE CONCERT

Avec Chicago et la Nouvelle-Orléans, New York est l'autre ville du jazz. Duke Ellington, Bill Evans, Miles Davis, pour les plus anciens, mais aussi Seamus Blake ou encore Brad Mehldau pour les contemporains : les plus grands du jazz ont grandi dans les clubs new-yorkais mythiques. Tandis que la scène de l'Apollo Theater, à Harlem, voyait les débuts de James Brown, Jimi Hendrix, Michael Jackson. Entrez dans l'histoire, allez au concert !

Smalls Jazz Club

The Bowery Ballroom

L'une des meilleures salles folk et rock pour écouter jeunes talents et groupes connus.

Voir p. 56, quartier 5, Lower East Side.

Village Vanguard

Tout simplement, LA Mecque du jazz à New York.

Voir p. 86, quartier 7, Greenwich Village et West Village.

Smalls Jazz Club

Le club de jazz des nouveaux talents, qui monte, qui monte…

Voir p. 86, quartier 7, Greenwich Village et West Village.

Apollo Theater

Connue pour sa célèbre « Nuit des amateurs », c'est la salle de spectacles mythique de Harlem.

Voir p. 164, quartier 15, Harlem.

Music Hall of Williamsburg

Passage obligé dans cette salle rock et branchée de Brooklyn pour tous ceux qui souhaitent découvrir la scène indé.

Voir p. 186, quartier 18, Williamsburg et Greenpoint.

19

QUEENS, VERS LONG ISLAND CITY

À l'est de Manhattan, le plus grand *borough* de la ville réserve quelques pépites. Capitale du cinéma dans les années 1920, le quartier cosmopolite d'Astoria attire les *foodies* avec ses restaurants grecs et ses cantines latinos. Au sud de Queensboro Bridge, on piste le New York underground dans le quartier industriel de Long Island City : ateliers d'artistes, *street art* décoiffant et avant-garde artistique au PS1.

Long Island City

1 Socrates Sculpture Park✦✦

Situé à deux pas du Noguchi Museum, ce petit parc au bord de l'East River offre une pause agréable, avec une vue imprenable sur Manhattan. Ce site est aussi un lieu d'exposition où sculptures et installations s'intègrent dans le paysage. À voir !

À l'angle de Broadway et Vernon Blvd • ☎(718) 956 18 19 • socratessculpturepark.org • T.l.j. de 9h à la tombée de la nuit • Accès libre.

2 Noguchi Museum✦✦✦

Fondé et dessiné par l'artiste, le musée consacré à Isamu Noguchi est un havre de paix et de beauté ! Au rez-de-chaussée, vous découvrirez ses énormes sculptures en pierre aux formes géométriques. À l'étage, vous trouverez du mobilier et des objets design, dont les fameuses lampes de papier Akari, associant la technique traditionnelle japonaise aux formes organiques de ses sculptures. À l'extérieur, un jardin pensé par Noguchi vous remplira de sérénité. Initialement, un arbre haut de 18 m constituait le cœur de ce jardin, mais il fut abattu en 2008 car il menaçait de s'effondrer sur la structure. Son bois servit à la réalisation de sculptures et de bancs installés dans l'enceinte du musée, démarche qui souligne à quel point, dans l'œuvre de Noguchi, art et nature ne font qu'un.

9-01 33rd Rd, entre Vernon Blvd et 10th St. • ☎ (718) 204 70 88 • noguchi.org • Mer.-ven. 10h-17h, sam.-dim. 11h-18h ; fermé Thanksgiving, Noël et j. de l'An • Entrée : $10 (gratuit 1er ven. du mois).

Noguchi Museum

3 Museum of the Moving Image✦✦✦

Les passionnés de cinéma et de télévision vont adorer ce musée consacré à l'histoire, aux techniques et à la technologie du septième art et du petit écran. En plus des expositions temporaires, vous pourrez voir des extraits de films cultes, vous essayer au doublage, découvrir des objets de tournage, ou encore créer votre film d'animation façon Terry Gilliam pour *Monty Python.*

Pause mexicaine : Casa Enrique

Ambiance détendue et décor épuré dans ce restaurant mexicain bien connu des habitants du quartier. Casa Enrique sert une vraie cuisine traditionnelle mexicaine. *Enchiladas, tortas, huevos* s'accompagnent d'une margarita… vous aurez envie de tout goûter ! Le chef met autant de soin dans la confection de ses tacos qu'un maître sushi. Et les prix sont très abordables.

115 *5-48 49th Ave., Long Island City • ☎ (347) 448 60 40 • casaenriquelic.com • Lun.-jeu. 17h-23h, ven. 17h-minuit, sam. 11h-minuit, dim. 11h-22h • À partir de $13 pour 2 tacos.*

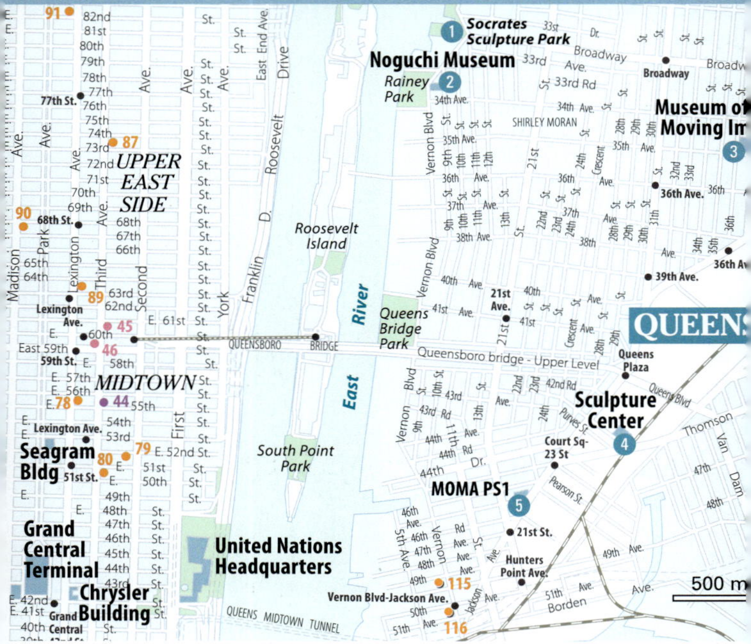

36-01 35th Ave., angle 37th St. • ☏(718) 777 68 00 • movingimage.us • Mer.-jeu. 10h30-17h, ven. 10h30-20h, sam.-dim. 10h30-18h; fermé Thanksgiving, Noël et j. de l'An • Entrée : $15 (gratuit ven. 16h-20h).

4 Sculpture Center⁺⁺

Le meilleur de la sculpture contemporaine et expérimentale y est exposé. Cette véritable institution du paysage culturel de New York, fondée en 1928 par Dorothea Denslow, est installée depuis 2002 dans un ancien atelier de réparation de trolleybus : un écrin brut de brique et d'acier où sculptures et installations prennent toute leur force. Monika Sosnowska, Gedi Sibony, Seth Price, Rashid Johnson, Jean-Luc Moulène, artistes confirmés et nouveaux talents sont à découvrir ici.

44-19 Purves St., Long Island City • ☏(718) 361 1750 • sculpture-center.org • Jeu.-lun. 12h-18h; fermé 24 déc., Noël et j. de l'An • Accès libre.

5 MoMA PS1⁺⁺

Affilié au MoMA, le PS1 est sans doute le musée d'art

contemporain le plus avant-gardiste. Depuis sa fondation en 1971, il a pour vocation de présenter, au travers d'expositions temporaires, le travail d'artistes innovants et émergents issus de toutes les disciplines. L'intérieur du bâtiment (une ancienne école datant de 1893), laissé « brut de décoffrage », amplifie le côté underground du lieu.

Warm Up

L'été, au PS1, c'est Warm Up ! Ce festival musical, un classique depuis 1998, a lieu tous les week-ends (1er w.-end. de juil.-dernier w.-end d'août) dans la cour du musée, au beau milieu du projet vainqueur de la compétition Young Architecture Program. Punk, hip-hop, afro-fusion, electro, une sélection musicale pointue et plutôt déjantée à l'image des Fuck U Pay Us, Burma Boy, DJ Cass, Cashmere Cat…

22-25 Jackson Ave., angle 46th Ave. • (718) 784 20 84 • moma.org/ps1 • Dim.-lun. 12h-18h, jeu.-sam. 12h-20h; fermé Thanksgiving et Noël • Don suggéré : $10 • Warm Up : $18 ($99 pour toute la saison).

Restos Bistrots

Tournesol

Français 116 Hors plan par C2

Ce restaurant français propose une cuisine de bistrot très réussie et abordable ! Des moules, des pâtes, des salades ou des steaks-frites, mais aussi des plats du jour (coq au vin). Une ambiance familiale et sans prétention !

50-12 Vernon Blvd, entre 50th Ave. et 51st Ave. • M° Vernon Blvd-Jackson Ave. • (718) 472 43 55 • tournesolnyc.com • Lun. 17h30-22h30, mar.-jeu. 11h30-15h et 17h30-22h30, ven. 11h30-15h et 17h30-23h30, sam. 11h-15h30 et 17h30-23h30, dim. 11h-15h30 et 17h-22h • Plats $16,50-$32 • Paiement en espèces ou Amex.

ORGANISER SON WEEK-END

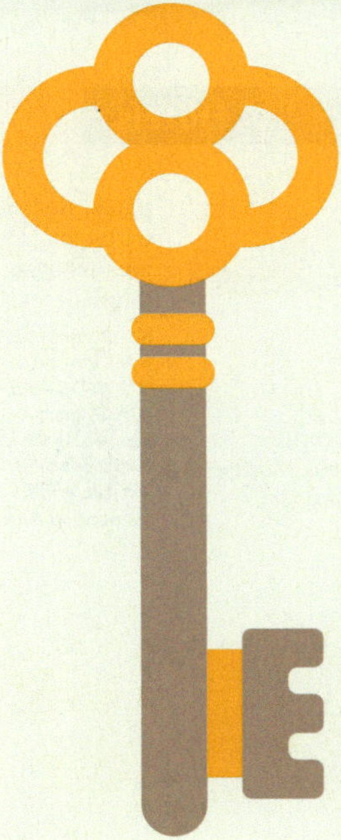

Central Park

L'ESSENTIEL

Quand partir ?

◗ Les meilleures périodes pour partir sont les demi-saisons : dès la fin mars (les beaux jours s'annoncent) et à l'automne (pour ses températures douces et sa belle lumière).

◗ Si vous craignez la chaleur, déjà bien présente en juin, évitez juillet et août (chaleur moite jusqu'à 40 °C, violents orages).

◗ L'hiver est rude, avec de fortes gelées et un vent sec. Seul atout : l'ambiance, magique, de Noël.

Formalités

◗ Moyennant $14, il faut avoir rempli une **demande d'autorisation de voyage aux États-Unis** sur le site Internet de l'ESTA *(Electronic System for Travel Authorization)*, au plus tard 72h avant le départ : **esta.cbp.dhs.gov** Un numéro d'ESTA vous sera délivré, valable deux ans (dans la limite de validité du passeport).

◗ Si vous ne respectez pas certaines conditions (avoir un **passeport biométrique ou électronique** et un billet A/R, ne pas avoir séjourné dans certains pays), il vous faudra effectuer une **demande de visa** (jusqu'à 10 semaines de délai ; ambassade américaine : **fr.usembassy.gov/fr**). Voir ausi p. 205.

Comment y aller ?

◗ **Vols directs depuis Paris et Nice** avec Air France, Delta Air Lines, United Airlines et American Airlines.

◗ Il y a deux **aéroports internationaux** à New York, tous deux très bien reliés à Manhattan : **John F. Kennedy (JFK)** et **Newark Liberty**, dans l'état du New Jersey.

◗ Attention, les femmes mariées doivent réserver leur billet avec leur **nom de jeune fille**, figurant en bas du passeport.

Dans quel quartier loger ?

◗ L'Upper West Side et l'Upper East Side, autour de Central Park, sont des **quartiers relativement tranquilles.**

◗ Midtown, plus central, est moins calme car proche de **Broadway.** Chelsea, West Village, Greenwich Village, East Village, SoHo et TriBeCa sont parfaits pour profiter de **la vie nocturne.**

◗ De nombreux hôtels de Financial District **bradent leurs chambres le week-end.**

◗ Pour des **logements moins chers,** visez Brooklyn ou Queens, accessibles en métro. Attention cependant à prévoir les temps de trajet pour se rendre à Manhattan.

Argent

- Les cartes bancaires Mastercard, Visa et American Express permettent de retirer des dollars aux **distributeurs (ATM)** partout dans la ville. Voir aussi p. 206.

Heure locale

- Il y a **6h de décalage** avec la France : s'il est midi à New York, il est 18h en France.
- **Attention, l'heure d'été** à New York (+ 1h) est en vigueur à partir du 2e dimanche de mars. Pendant 2 semaines (jusqu'au changement d'heure français), le décalage horaire n'est donc pas de 6h mais de 5h.
- Les Américains parlent en termes **d'a.m.** *(ante meridiem)* **pour la matinée** et **de p.m.** *(post meridiem)* **pour l'après-midi :** 7 a.m. signifie 7h du matin, et 7 p.m. signifie 19h.

Pourboires

Il est d'usage aux États-Unis de laisser un pourboire *(tip)* dans plusieurs situations. C'est notamment **obligatoire au restaurant (15 à 20 % de l'addition)** et fortement recommandé dans le taxi, à l'hôtel et dans les bars.

Numéros utiles

Urgences : *☏ 911.*

Renseignements téléphoniques : *☏ 411.*

Informations et services de New York : *☏ 311.*

Consulat de France : *934 5th Ave. (entre 74th et 75th St. ; plan B1) • ☏ (212) 606 36 00 • newyork.consulfrance.org • Lun.-ven. 9h-12h30.*

Combien ça coûte ?

Un ticket de métro : $3.

Un petit déjeuner : $15.

Un hot-dog, un bagel ou un café à emporter : à partir de $3.

Un repas : $15-$35.

Une entrée de musée : $10-$25.

Électricité

Munissez-vous d'adaptateurs car l'électricité aux États-Unis fonctionne en 110 volts/60 hertz, et les fiches des prises sont plates.

Téléphoner

- **De la France vers New York :** 00 + 1 (indicatif des États-Unis) + indicatif local ou *area code* (212 ou 646 pour Manhattan, 718 ou 347 pour Brooklyn, Queens, le Bronx et Staten Island) + numéro à 7 chiffres de votre correspondant.
De New York vers la France : 011 + 33 + le numéro de votre correspondant sans le 0.
- À New York, les numéros débutant par 800, 877 et 888 sont gratuits. L'indicatif 917 correspond à un numéro de portable.

Arriver à New York

Les aéroports de New York sont très bien reliés à Manhattan. Dans les aérogares, suivez les panneaux *« Ground transportation »* pour les transports en commun, ou *« Taxi »*.

John F. Kennedy International Airport

jfkairport.com

Newark Liberty International Airport

newarkairport.com

Rejoindre le centre-ville	Prix	Durée
En transports en commun (depuis JFK) Les navettes **AirTrain** relient JFK International Airport aux stations de métro Jamaica Station (liaison métro pour Midtown Manhattan, Queens, Brooklyn, Lower Manhattan, liaison LIRR pour Penn Station) ou Howard Beach (liaison métro pour Brooklyn et Lower Manhattan). jfkairport.com/to-from-airport/air-train	$7,75 (AirTrain seul) avec MetroCard (aller)	10-15 min
En navette privée (depuis JFK) Pour réserver un van **Airlink** à l'aéroport, rendez-vous au bureau d'information *(Ground transportation desk)*. Pour le retour, réservez 24h avant. (212) 812 90 00 · goairlinkshuttle.com	$20-$25/ personne (aller)	Jusqu'à 2h
En transports en commun (depuis Newark) Prenez la navette **AirTrain** de votre terminal vers la gare de l'aéroport (Newark Liberty International Airport Train Station), puis un **train** du réseau **Amtrak** ou **NJ Transit** pour la gare Penn Station de New York (à ne pas confondre avec Newark Penn Station sur le trajet).	$15,25 (A/R), AirTrain inclus	30 min
En taxi **depuis JFK** **depuis Newark** Au prix de la course, il faut ajouter les péages et le pourboire (environ 15 %).	 $52 $50 minimum	 Env. 1h Au moins 45 min

Infos Covid-19

- Pour fréquenter restaurants, musées et lieux de loisirs à New York, il faut avoir reçu, preuve à l'appui, un schéma vaccinal complet de l'un des vaccins approuvés par l'OMS. **Seul le vaccin donne accès à ces lieux**, les tests PCR négatifs ou sérologies positives ne sont pas pris en compte, contrairement au pass sanitaire français.
- Compte tenu du contexte sanitaire, de nombreux sites et adresses sont amenés à restreindre leurs horaires d'ouverture et à s'adapter à la situation. Nous vous recommandons de **vérifier les horaires et conditions de visite de chaque lieu et adresse** sur leur site Internet ou leur page Facebook.

Se déplacer

Le plan des transports se trouve au verso du plan détachable.

Les plans de bus et de métro sont disponibles dans les stations de métro.

Infos bus et métro : MTA (Metropolitan Transportation Authority) et New York City Transit • ☏ 511 • mta.info

En métro *(subway)*

Rapide et économique, le métro est pratique pour parcourir Manhattan du nord au sud (d'est en ouest, c'est la marche, le bus ou le taxi) et pour relier Brooklyn et Queens. Il fonctionne 24h/24 (service réduit la nuit et le week-end). Les bouches de métro sont signalées par des globes verts (rouges quand les guichets sont fermés ou à horaires réduits). Attention, plusieurs stations portent le même nom : il y a par exemple 5 stations 23rd St. sur 5 avenues. Des panneaux indiquent la direction Uptown (vers le nord) ou Downtown (vers le sud) et le numéro des lignes (chiffres ou lettres). Vérifiez le numéro du train avant de monter, des lignes différentes pouvant desservir une même station. De plus, il existe deux types de trains : **le *local*** est omnibus, **l'*express*** dessert uniquement les stations principales.

En bus

C'est un bon moyen de découvrir New York si on n'est pas pressé. En service 24h/24, les bus sillonnent les rues d'est en ouest (Crosstown, arrêt à toutes les avenues) et les avenues du nord au sud (Uptown ou Downtown, arrêt tous les deux ou trois blocks). Les arrêts sont signalés par des panneaux bleu, blanc et rouge ; le numéro de ligne et le terminus apparaissent à l'avant et sur le côté du bus. Les bus express, désignés par un X, ne circulent qu'aux heures de pointe.

En taxi

New York ne serait pas New York sans ses 13 600 taxis jaunes *(yellow cabs)*! Vous pouvez héler les taxis dont le numéro sur le toit est allumé (les lumières latérales indiquent qu'ils ne sont plus en service). Il est rare que les chauffeurs parlent couramment l'anglais, alors soyez précis dans vos indications. Indiquez le *crossing road* (carrefour) qui correspond à la section de rue où vous souhaitez vous rendre. La prise en charge coûte $2,50, puis c'est 50 cents tous les 320 m (+ taxe de 50 cents par voyage, majoration de 50 cents de 20h à 6h et de $1 de 16h à 20h en semaine + taxe pour tous les voyages qui commencent, finissent ou traversent Manhattan au sud de 96th St.). Il faut laisser un **pourboire entre 15 et 20 % du prix de la course,** plus si vous avez des bagages. De plus en plus de taxis acceptent la carte de crédit.

En bateau

Les ferries et les *water taxis* permettent de relier Uptown, Downtown, Staten Island, Brooklyn, Queens, le Bronx et le New Jersey par la voie des eaux.

New York Water Taxi

Ces bateaux taxis proposent une formule hop-on/hop-off permettant de descendre et de remonter aux débarcadères suivants : Pier 83 (W 42nd St.), Battery Park, Pier 16 (South Street Seaport) et Brooklyn DUMBO. Tour complet en 1h10.

(212) 742 19 69 • nywatertaxi.com • T.l.j. 10h-18h • Formule All-Day Access : $37.

Acheter ses titres de transport	
Single ride ticket	**Le ticket bus/métro à l'unité** : $3 ($6,75 pour les bus express). Dans le bus, prévoyez la somme exacte en pièces de monnaie *(change)* et demandez un *transfer ticket* si vous souhaitez une correspondance.
Pay-Per-Ride MetroCard	**Carte magnétique rechargeable** : $1 (carte) + prix du trajet. Vous chargez autant de trajets que vous le souhaitez, de $5,50 à $80. Valable pour le bus, le Roosevelt Island Tramway (p. 201) et le métro. Disponible aux guichets et distributeurs automatiques des stations de métro, à l'office de tourisme et dans certains commerces.
Unlimited Ride MetroCard	Sur la MetroCard, **nombre de voyages illimité,** valable 7 jours (7-Day Unlimited Pass, $33, ou $62 avec l'option Express Bus) ou 30 jours (30-Day Unlimited Ride MetroCard, $127).

Governors Island Ferry

Face au port de New York, cet îlot de verdure (accessible mai-fin oct. uniquement) est une destination de week-end très prisée (voir p. 25).

Depuis Manhattan : *Battery Maritime Building, 10 South St. (plan B6) • (212) 440 22 00 • govisland.com • Mai-oct. : lun.-ven. ttes les heures de 10h à 15h, puis ferry à 15h45 et 16h15, sam.-dim. ttes les 20 min. env. 10h-17h30 • Ferry $3 aller-retour, gratuit sam.-dim. 10h-10h50.*

Depuis Brooklyn : *Brooklyn Bridge Park, Pier 6 (hors plan par C6) • Mai-oct. sam.-dim. à 11h, 11h30 puis toutes les 45 min jusqu'à 17h30 • Ferry $3, gratuit sam.-dim. à 11h et 11h30.*

Staten Island Ferry

Ce ferry conduit les habitants de Staten Island jusque chez eux. La traversée de la baie de New York (25 min), gratuite, offre un superbe panorama sur Downtown ! (voir p. 24).

Battery Park, Whitehall Terminal (plan B6) • M° Whitehall St. ou South Ferry • (212) 639 96 75 • siferry.com • 24h/24, départ toutes les 30 min (15 min aux heures de pointe) • Gratuit.

NYC Ferry

Réseau de 8 lignes permettant de relier Brooklyn, Queens ou Staten Island depuis Manhattan : Astoria, Rockaway, Soundview, South Brooklyn, East River, St George, Governors Island Shuttle (en saison) et Coney Island.

ferry.nyc • T.l.j. 6h-22h30, selon les lignes ; Governors Island : sam.-dim. à partir de fin mai ; horaires et trajets sur le site ou via l'appli NYC Ferry • Trajet : aller simple $2,75 ; option vélo $1.

En téléphérique

Pour le prix d'un ticket de métro, ce téléphérique relie Manhattan à Roosevelt Island en 5 min, à plus de 70 m au-dessus de l'East River. Des bus rouges permettent ensuite de faire le tour de l'île.

Roosevelt Island Tramway : *départ angle 59th St. et 2nd Ave (plan B2) • rioc.ny.gov/302/tram • Dim.-jeu. 6h-2h, ven.-sam. 6h-3h30 • Accessible uniquement avec la MetroCard.*

À vélo

New York compte plus de 600 km de pistes cyclables (tout le réseau sur **nycbikemaps.com**), et son transport est autorisé dans le métro. Avec **Citi Bike (citibikenyc.com)**, vous pouvez louer un vélo 24h/24, 7j./7 à l'une des bornes installées à Manhattan et à Brooklyn. Retirez votre pass 24h ($15 + taxe) à l'une des stations avec votre carte bancaire (caution de $101 bloquée durant votre abonnement). Les 30 premières min *(single ride)* coûtent $3,50, puis $0,18/min.

Lire le plan

New York se compose de cinq *boroughs* (ou municipalités) : Manhattan, le Bronx, Queens, Brooklyn et Staten Island. Située entre East River et Hudson River, l'île de Manhattan regroupe les principaux centres d'intérêt et se divise en trois parties.

- **Downtown** (de la pointe sud à 14th St.) regroupe les

quartiers de Lower Manhattan, TriBeCa, Chinatown, Little Italy, NoLIta, SoHo, NoHo, Lower East Side et les Villages (Greenwich, West et East).

- **Midtown** (de 14th St. à 59th St., au sud de Central Park) englobe Chelsea, le Theater District et les quartiers autour du Flatiron Building et du Rockefeller Center.
- **Uptown** (de 60th St. au nord de l'île) est divisé en deux par Central Park avec West Side et Upper West Side à l'ouest, East Side et Upper East Side à l'est, et Harlem au nord.

Il est très facile de se repérer dans Manhattan, bâtie selon un plan géométrique : rues (Street ou St. orientées est/ouest) et avenues (Ave., orientées sud/nord) sont perpendiculaires. Ainsi, une adresse se compose souvent d'un numéro de rue ou d'avenue. Les avenues portent des numéros de 1 à 12 (5th Ave.), des noms (Park Ave., Broadway) ou des lettres (A, B, C, D dans East Village). Les rues sont aussi désignées par des numéros de 1 à 220 (1st St.). Seules exceptions : dans West Village et Downtown, où le tissu urbain est plus anarchique, rues et avenues sont désignées par des noms. Les avenues sont numérotées du sud vers le nord (sauf Ave. A, B, C et D, où c'est le contraire) et les rues, de l'est vers l'ouest pour la zone à l'ouest de 5th Ave., et de l'ouest vers l'est pour la zone à l'est de 5th Ave. Par exemple, 1 W 21st St. se trouve à l'ouest, donc à gauche de 5th Ave., et 1 E 21st St. est à droite. Trouvez le plus court chemin d'un point à un autre, à pied, en bus ou en métro sur **citymapper.com**

Informations touristiques et visites

Office de tourisme

Attention, les offices de tourisme de la ville de New York sont susceptibles de changer de lieu d'une année sur l'autre (se renseigner au préalable). Un seul numéro de téléphone et un seul site Internet pour obtenir toutes les informations touristiques :

📞 (212) 484 12 22 • www.nycgo.com

Official NYC Information Center at Macy's Herald Square : *151 W 34th St., entre 7th Ave. et Broadway (mezzanine au r.d.c. du magasin Macy's) • M° 34th St.-Herald Square • Lun.-sam. 10h-22h, dim. 10h-21h, fermé Thanksgiving et Noël.*

Visites guidées

À pied, en bus ou en bateau, pour vous faire une idée des visites possibles, surfez sur **nycgo.com** et sur **nycwalk.com**

À pied (walking tours)

Big Apple Greeter

Visitez gratuitement le quartier de votre choix avec un bénévole.

📞 (212) 602 62 16 • bigapplegreeter.org • Lun.-ven. 9h-17h, résa 4 semaines min.

Jours fériés

• **New Year's Day :** *1er janvier* • **Martin Luther King Jr Day :** *3e lundi de janvier* • **President's Day :** *3e lundi de février* • **Memorial Day :** *dernier lundi de mai* • **Independence Day :** *4 juillet* • **Labor Day :** *1er lundi de septembre* • **Columbus Day :** *2e lundi d'octobre* • **Veteran's Day :** *11 novembre* • **Thanksgiving :** *dernier jeudi de novembre* • **Christmas Day :** *25 décembre*

av. votre arrivée • Gratuit, don suggéré $25 (6 pers. max.).

Big Onion Walking Tours

Des historiens vous font visiter Gangs of New York, Greenwich Village, Harlem, le Brooklyn Bridge, Central Park, etc.

476 13th St. (hors plan par D6) • ✆ (212) 439 10 90 • bigonion.com • Dates des visites sur le site • $30.

On Location Tours

Visites guidées sur les lieux de séries et de films cultes.

onlocationtours.com • Infos : ✆ (212) 683 20 27 • Résa : ✆ (212) 913 97 80 • $31-$62.

Harlem Spirituals/New York Visions

Cet organisme propose depuis plus de 30 ans des visites guidées originales pour capturer l'essence et l'effervescence de *Big Apple*. Créateurs des réputés Harlem Gospel & Jazz tours, ils vous mènent au-delà des sentiers battus à la rencontre du vrai New York. De Manhattan à Harlem, du Bronx à Brooklyn, en passant par le Queens, vous explorez la ville en bus ou à pied en compagnie de leurs guides francophones certifiés.

harlemspirituals.com

En bus

Gray Line

Circuits en *double-decker bus* (bus à un étage), avec formule hop-on/hop-off.

New York Sightseeing : ***777 8th Ave., entre 47th et 48th St. (plan A3) • M° 49th St. ou 50th St. • ✆ (800) 669 00 51 ou (212) 445 08 48 • newyorksightseeing.com • T.l.j. 8h-20h • À partir de $49 (1 j.).***

The Ride

Un bus qui propose un voyage (75 min) dans la ville ponctué de performances de rue (danse, chant…) avec interaction entre le public et les artistes.

✆ (212) 221 08 53 • experiencetheride.com • Box office : t.l.j. 9h-21h • $69 à $89 selon la formule.

À vélo

Central Park Bike Tours

Des balades à vélo commentées de 2h sont proposées dans différents quartiers de la ville et Central Park.

203 W 58th St., angle 7th Ave. (plan A2) • M° 59th St.-Columbus Circle • ✆ (212) 541 87 59 • centralparkbiketours.com • T.l.j. à 9h, 10h, 13h et 16h • $49 ($34,30 en ligne).

En bateau

Circle Line

Croisières touristiques nocturnes ou à grande vitesse à bord du *Beast* (mai-octobre).

Pier 83, W 42nd St. et 12th Ave. (plan A3) • M° 42nd St.-Port Authority • ☎ (212) 563 32 00 • circleline.com • Horaires variables selon saison • $18-$65.

Dans les airs

Liberty Helicopters Tours

Survol du port de New York, de la statue de la Liberté et d'Ellis Island en hélicoptère.

Downtown Manhattan Heliport : 6 East River Piers (plan B6) • M° Whitehall St.-South Ferry • ☎ 1 800 542 99 33 • libertyhelicopter.com • Lun.-sam. 9h-18h30 • $204 (12 à 15 min) et $285 (18 à 20 min) par pers. (+ $40 de taxe par personne).

Musées

La plupart des musées sont ouverts du mardi au dimanche de 10h à 17h, avec parfois une nocturne, et fermés certains jours fériés. Le prix d'entrée est élevé ($10-$25). Certains musées pratiquent la gratuité (voir p. 207), la *suggested donation* (don suggéré à l'entrée) ou le *pay what you wish* (on paie ce qu'on veut) au moins un soir par semaine.

Pass

Disponibles en ligne, à l'office de tourisme (p. 202) ou au guichet des musées, ils permettent de faire des économies et d'éviter la queue aux caisses.

City Pass

Il comprend : observatoire de l'Empire State Building, American Museum of Natural History, MET, Guggenheim (ou Top of the Rock), statue de la Liberté (extérieur), Ellis Island (ou croisière avec la Circle Line), 9/11 Memorial & Museum ou Intrepid Sea, Air and Space Museum. Économie : 41 % du prix total !

Valable 9 j. • citypass.com • $123.

New York Explorer Pass

Choisissez le nombre de sites dans une liste d'attractions plutôt complète. Plus vous en choisissez, plus le rabais est important (de –20 % à –50 %).

Valable 30 j. • gocity.com • De $73 (2 attractions) à $229 (10 attractions).

New York Pass

Accès à plus de 100 sites et attractions, et nombreuses réductions, mais difficilement rentable. Moins cher en ligne.

newyorkpass.com • 1 j. $134, 2 j. $199, 3 j. $274, 4 j. $300, 5 j. $339, 7 j. $379, 10 j. $469.

Actualités culturelles

Pour connaître l'actualité culturelle, procurez-vous les hebdomadaires *Time Out New York* (timeout.com/newyork), *New York Magazine* (nymag.com) ou *The New Yorker* (newyorker.com). L'édition week-end du *New York Times* (nytimes.com) comprend un supplément culturel et tous les événements du moment apparaissent dans la rubrique « *Events* » du site nycgo.com. L'hebdo gratuit *Village Voice* (villagevoice.com) est aussi à consulter. Récupérez les flyers dans les magasins de disques ou les boutiques branchées : ils vous permettront d'obtenir des infos pour des soirées plus underground.

Informations pratiques

Formalités

Passeport et autorisation de voyage

Pour bénéficier de l'**exemption de visa pour les États-Unis**, et ne voyager qu'avec **l'ESTA**, vous devez impérativement avoir un passeport biométrique ou électronique, un billet aller-retour pour un séjour n'excédant pas 90 j. et ne pas avoir voyagé en Iran, Irak, Libye, Somalie, Syrie, au Soudan ni au Yémen depuis mars 2011. Le numéro d'ESTA qui vous sera délivré est valable 2 ans et sera à indiquer dans vos réservations de vols.

Pour vérifier la **validité de votre passeport** ou faire une **demande de visa,** rendez-vous sur le site Internet de l'ambassade américaine : **fr.usembassy.gov/fr** Attention, le délai d'obtention d'un visa peut prendre jusqu'à 10 semaines.

Douane

Pour pouvoir entrer sur le sol américain, la déclaration de douane distribuée dans l'avion doit être complétée, sans ratures, et remise à l'officier d'immigration à votre arrivée. Le passage à l'immigration n'est pas une simple formalité : prise des empreintes digitales, photo et parfois interrogatoire en règle sur les motivations de votre séjour (conservez l'adresse de votre hôtel avec vous et évitez les plaisanteries). Il est interdit d'importer des produits alimentaires non stérilisés, des végétaux et des peaux d'espèces protégées. Vous pouvez importer 1 l de vin ou d'alcool, 200 cigarettes, 100 cigares ou 2 kg de tabac. Les cadeaux que vous apportez ne doivent pas excéder un montant total de $100. Au-delà, vous devrez payer 3 % de droits de douane (plus pour les bijoux et les vêtements). En cas de traitement médical particulier, conservez l'ordonnance qui correspond à sa prescription. Au retour en France, des droits de douane et des taxes sont applicables si le montant total de vos achats est supérieur à 430 €.

Bon à savoir

No smoking !

Il est interdit de **fumer et de vapoter** dans tous les lieux publics de la ville ainsi que sur certaines places, comme Times Square. Attention, la loi est rigoureusement appliquée, et les amendes sont élevées (jusqu'à $2 000) !

Écrire

Les timbres *(stamps)* sont vendus dans les bureaux de poste. Les boîtes aux lettres US Mail sont bleues.

ATTENTION, veillez à ce que vos appareils électroniques munis de batterie (smartphone, ordinateur, etc.) soient chargés lors de votre passage au filtre de sécurité. Il vous sera peut-être demandé de les allumer et d'apporter la preuve qu'ils fonctionnent. À défaut, ils pourront être confisqués et détruits.

U.S. Customs & Border Protection :
cbp.gov
Infos Douane française :
0811 20 44 44 • douane.gouv.fr

Permis de conduire

Le permis de conduire français de plus d'1 an est valable lors d'un séjour aux États-Unis n'excédant pas 3 mois.

Santé

Le prix des **soins médicaux** aux États-Unis est exorbitant. Pour vous mettre à l'abri des mauvaises surprises, vous pouvez contracter une **assurance** qui vous sera utile en cas d'accident grave. Les voyagistes la proposent, comprise ou non dans le forfait. Par ailleurs, un certain nombre de cartes de crédit incluent cette assurance.

Argent

Comment payer ?

La **monnaie américaine** se compose de billets de 1, 2 (rares), 5, 10, 20, 50 et $100 (dollars ou *bucks* en argot) et de pièces de 1 cent (penny), 5 cents (nickel), 10 cents (dime), 25 cents (quarter) et $1. Faites attention : tous les billets se ressemblent ! De même couleur et de même dimension, ils se distinguent par les portraits des grands hommes politiques américains. Les petites coupures sont plus faciles à utiliser.

Change

Pour connaître le **taux de change** entre le dollar et l'euro, consultez **xe.com** (en octobre 2021, 1 € valait $1,16). Vous aurez le meilleur taux de change en retirant sur place (attention au plafond de retrait de votre carte) à condition de prélever une somme importante d'un coup pour limiter les frais sur les transactions (taxe fixe d'env. $3 + commission de votre banque) ; n'hésitez pas à vous renseigner auprès de votre établissement bancaire. L'achat de devises dans les banques et surtout dans les bureaux de change est moins avantageux (évitez ceux de l'aéroport).

Pourboires

Voici des exemples de pourboires courants : $1-$2 par verre au *bartender*, **15 à 20 % de l'addition au serveur (obligatoire)**, $1 par bagage au porteur de valises, $3-$5 par jour à la femme de chambre, 15 à 20 % de la course au taxi. Le pourboire se paie **de préférence en liquide**, et il n'est pas nécessaire dans les fast-foods.

New York gratuit

New York est une ville chère, mais il est possible de faire un grand nombre d'activités sans débourser un penny !

▸ Pour dénicher les **bons plans,** rendez-vous sur **clubfreetime.com** et **nycgo.com/maps-guides/free-in-nyc** Ces sites Internet répertorient expos, animations et événements gratuits.

▸ Pour s'informer, une multitude de **magazines** comme *The Village Voice* sont distribués gratuitement.

▸ Voici quelques **idées qui ne vous coûteront rien :** le Museum at FIT, le National Museum of the American Indian, Hamilton Grange National Memorial, Federal Hall, 9/11 Memorial, The Vessel, le ferry de Staten Island, les visites guidées de Big Apple Greeter, les galeries d'art de SoHo et de Chelsea, les expos d'art du Time Warner Center, les parcs où concerts et activités sont fréquents, comme à Central Park, et l'incontournable balade sur le Brooklyn Bridge.

▸ Profitez de la **gratuité ou du *pay what you wish* (donation libre) hebdomadaire** de certains musées (mais gare à la foule !) : New Museum, Museum of Arts and Design, Morgan Library, MoMA et MoMA PS1, Asia Society, Frick Collection, Whitney Museum, Jewish Museum, Guggenheim, Neue Galerie, Noguchi Museum, Brooklyn Museum, Museum of Chinese in America, Eldridge Street Synagogue, New York Historical Society Museum, Museum of the Moving Image.

▸ Le réseau de transports new-yorkais (MTA) propose une application gratuite, **MTA Arts & Design,** qui recense les 300 œuvres d'art visibles dans le métro : **web.mta.info/mta/aft**

▸ De nombreux **concerts** et **spectacles** sont gratuits durant l'été (voir p. 211-213). Ils ont lieu dans les parcs de la ville, sur des esplanades, au David Rubenstein Atrium (voir Lincoln Center p. 139), à la Juilliard School of Music (p. 140) ou même dans des églises. Pour plus de précisions, consultez le *New York Times*, le *Village Voice* ou le *Time Out*. Les événements gratuits y sont toujours listés.

▸ Plus de 1 750 bornes **LinkNYC** ont été installées (7 500 prévues à terme). Elles sont dotées d'une **connexion Wifi gratuite et sécurisée,** de ports USB pour recharger un portable et d'un service permettant à l'utilisateur (New-Yorkais ou touriste) de passer gratuitement des appels aux États-Unis.

Cartes bancaires

Les **cartes bancaires** Mastercard, Visa et American Express sont couramment acceptées.

En cas de perte ou de vol de la carte :

Visa : *1 (800) 847 29 11 depuis les États-Unis • visa.fr*
Mastercard : *1 (800) 307 73 09 depuis les États-Unis • mastercard.fr*
American Express : *1 (800) 528 48 00 depuis les États-Unis • americanexpress.com/fr*

Où dormir ?

Les prix indiqués dans ce guide sont ceux d'une nuit en chambre double standard en basse saison et en haute saison, petit déj. compris sauf mention. À cela, il faut ajouter la taxe hôtelière (5,875 %) et la taxe de séjour ($1,50/nuit/chambre).

Classification

À New York, il faut distinguer : les palaces, les hôtels toutes catégories, les B&B et les *guesthouses* (de la simple chambre à l'appartement privé avec ou sans services), et les *hostels* (auberges de jeunesse avec dortoirs ou chambres avec salle de bains commune). Souvent petites, les chambres ont en principe l'équipement standard (TV, téléphone, climatisation, Internet gratuit ou non). À plusieurs, il est plus rentable de louer un appartement. Consultez **homelidays.com, airbnb.com** ou **nyhabitat.com**

Tarifs

Les prix varient en fonction de la localisation, du jour de la semaine et du taux de remplissage. Les tarifs les plus bas sont appliqués en janvier et février, les plus élevés à Pâques, de septembre (après Labor Day) au 31 décembre et lors d'événements majeurs. Pour une chambre double standard au confort minimal, comptez de $90 à $150 en basse saison ; le double ou le triple en haute saison. Les prix affichés sont toujours hors taxes. Le petit déjeuner n'est pas toujours compris (ni même proposé) et coûte en moyenne $15. Mieux vaut le prendre à l'extérieur. Téléphoner de sa chambre d'hôtel coûte très cher.

Réservation

Si vous partez en haute saison, réservez longtemps à l'avance. En basse saison, attendez en revanche le dernier moment : les hôtels bradent leurs chambres. Vous avez la possibilité de réserver directement sur le site Internet des hôtels ou bien auprès des agences de voyages et des centrales de réservation hôtelière qui bénéficient de tarifs négociés (réductions jusqu'à 50 %).

Se repérer

Chaque adresse est associée à une pastille de couleur numérotée :

- jaune pour les restaurants
- violet pour les lieux de sortie
- rose pour les boutiques.

Toutes les adresses sont positionnées sur les plans.

Où manger ?

Au menu

Reflet du **melting-pot culturel** et ethnique de la ville, toutes les cuisines du monde et tous les régimes (végétarien, bio, casher, halal, etc.) cohabitent. Les portions sont généreuses : vous pouvez repartir avec vos restes en demandant votre ***doggy bag!*** Copieux, le *breakfast* (petit déjeuner) peut constituer un vrai repas, le *lunch* (déjeuner) est plus léger, et les plats sont moins chers que ceux du soir *(dinner)*. Ne manquez pas le brunch du week-end… un incontournable !

Établissements

Expérience new-yorkaise par excellence, la ***steakhouse*** ne sert que de la viande, en quantité et plutôt chère. Le ***delicatessen*** sert de la cuisine juive et les plus célèbres spécialités new-yorkaises (sandwichs au pastrami, corned-beef, bagels). Pour le côté pittoresque, on trouve encore des ***diners*** à l'ancienne avec tables en Formica, cuisine traditionnelle et café à volonté. Les nombreux *delis* (épiceries) disposent d'un *salad bar*, buffet où l'on compose soi-même son assiette, payée au poids. Enfin, impossible de ne pas goûter une *slice* (part) de pizza new-yorkaise !

En pratique

Les restaurants proposent souvent un service continu ; les New-Yorkais mangent à toute heure. Réservez très à l'avance pour une table dans un restaurant à la mode (opentable.com). Les prix indiqués sur les cartes sont toujours hors taxe. Celle-ci s'élève à 8,875 % et augmente vite l'addition, à laquelle il faut ajouter le ***tip*** (pourboire, 15 à 20 % de la note), **obligatoire.** Celui-ci est parfois ajouté d'office *(gratuity)*. Pensez toujours à avoir de l'argent liquide, les cartes de crédit ne sont pas acceptées partout *(cash only)*.

Où sortir ?

Pour une comédie musicale ou une pièce de théâtre, rendez-vous à **Times Square** (voir encadré p. 131). Pour un concert de musique classique, un opéra ou un spectacle de danse, direction le **Lincoln Center** (voir p. 139 et 147). Le **West Village** est la Mecque du jazz avec l'un des clubs les plus célèbres, le Village Vanguard (voir p. 86). L'alternatif **East Village**, le cool **Lower East Side**, le chic **Meatpacking District** et le **Williamsburg** hipster sont les quartiers les plus branchés pour boire un verre ou danser toute la nuit. La scène gay et lesbienne se donne rendez-vous à **Greenwich Village** et **Chelsea** (consultez getoutmag.com).

Réglementation

Il faut avoir 21 ans pour être autorisé à entrer dans les bars et les clubs, et à consommer de l'alcool. Quelques boîtes de nuit autorisent l'accès à partir de 19 ans, mais la consommation d'alcool reste interdite. Même si vous avez visiblement dépassé l'âge légal, une pièce d'identité sera exigée à l'entrée. Pensez à l'avoir toujours sur vous ! Il est d'usage de laisser un *tip* de $1 ou $2 par verre au barman.

Réserver un spectacle

Les guichets affichent souvent *sold out* (complet) des mois à l'avance ! Mieux vaut **réserver avant votre départ** auprès d'agences telles que **TicketMaster** (☎ 1 (800) 982 27 87, ticketmaster.com) ou **Ticket Central** (☎ (212) 279 42 00, ticketcentral.com). Voir aussi l'encadré p. 131 pour obtenir des billets à prix réduits. Pour connaître le programme des spectacles, consultez villagevoice.com ou timeout.com/newyork

Où faire du shopping ?

Horaires d'ouverture

La plupart des magasins sont ouverts entre 11h et 19h (21h souvent le jeudi) et le dimanche. Certaines boutiques, notamment à Wall Street, ouvrent dès 7h30, mais sont fermées le week-end. En plus des soldes de janvier et de juillet, retenez le **Black Friday** le lendemain de Thanksgiving (dernier jeudi de novembre), le **President's Day** (3e lundi de février), le **dernier lundi du mois de mai** et le **week-end qui suit le Labor Day** (1er lundi de septembre). Soyez à l'affût des ***doorbuster*** et ***early bird sale***, synonymes de bonnes affaires.

Payer ses achats

Les prix affichés sont des prix hors taxe. Celle-ci s'élève à 8,875 % sauf pour les vêtements et les chaussures de moins de $110, qui sont détaxés. En payant cash, vous économiserez peut-être le montant de la taxe. La plupart des commerçants acceptent les cartes internationales de paiement. Au moment de payer, répondez toujours « *Credit* » à la question « *Debit or credit ?* ».

Équivalence des tailles et des pointures

Femmes							
France	36	38	40	42	44	46	
USA	6	8	10	12	14	16	(robes, jupes, pantalons)
	30	32	34	36	38	40	(pulls, chemisiers, t-shirts)

Chemises hommes						
France	38	39	40	41	42	43
USA	15	15	15,5	16	16,5	17

Pointures							
France	36	37	38	39	40	41	42
USA	5,5	6,5	7,5	8,5	9,5	10,5	11,5

Fêtes et festivals

Janvier

Winter Restaurant Week

Les grands restaurants de New York proposent des menus à $22 le midi et $35 ou $652 le soir (hors taxe) pendant une vingtaine de jours. Même opération en juillet-août.

nycgo.com/restaurant-week

Avril

Easter Parade

Le dimanche de Pâques, les New-Yorkais paradent en costumes le long de 5th Ave. (10h-16h, entre 49th et 57th St.).

nycgo.com

Cherry Blossom et Sakura Matsuri Festival

Fin avril, fête des cerisiers en fleur au jardin botanique de Brooklyn et festival de culture japonaise (concerts, mangas, etc.).

bbg.org

Mai

Empire State Building Run-Up

Une course où les athlètes doivent gravir en courant 1 576 marches et atteindre le 86e niveau du building.

esbnyc.com et nycruns.com

Shakespeare in the Park

De fin mai à sept. (habituellement), Shakespeare est à l'honneur dans Central Park, et c'est gratuit !

publictheater.org

Juin

TriBeCa Film Festival

Tapis rouge, galas, drive-in gratuits et projection d'une centaine de films du monde entier : le festival créé par Robert De Niro est un incontournable !

tribecafilm.com

SummerStage

De juin à octobre, concerts pop de haute volée, opéras, danse et théâtre en plein air à Central Park et dans plusieurs parcs de la ville. Gratuit ou payant.

cityparksfoundation.org/summerstage/

Museum Mile Festival

Un jour par an, dix musées (MET, Guggenheim, etc.) ouvrent leurs portes gratuitement de 18h à 21h.

mcny.org/museummile

The Mermaid Parade

Défilé kitsch et festif de sirènes et de créatures décalées à Coney Island (habituellement aux alentours du solstice d'été).

coneyisland.com

Celebrate Brooklyn !

De juin à août, musique, danse, théâtre et projection de films gratuits à Prospect Park. *Benefit concerts* payants.

bricartsmedia.org

NYC Pride Week

La grande parade des communautés LGBTQIA+ sur 5th Ave., le dernier dimanche de juin.

nycpride.org

River to River Festival

Pendant 10 jours, plus de 150 spectacles et concerts gratuits dans Lower Manhattan.

lmcc.net/river-to-river-festival/

Governors Ball

Un festival très décalé sur Randall's Island qui réunit des musiques aux styles résolument hétéroclites. Un des rendez-vous musicaux les plus en vue.

governorsballmusicfestival.com

Juillet

Macy's 4th of July Fireworks

Pour la fête de l'Indépendance, le magasin Macy's offre un feu d'artifice spectaculaire.

macys.com/social/fireworks

Nathan's Hot Dog Eating Contest

Depuis 1916, le 4 juillet, les plus gros mangeurs de hot-dogs s'affrontent à Coney Island.

nathansfamous.com/hot-dog-eating-contest/

MoMA PS1 Warm Up

Musique *live*, danse, DJ et accès aux expos du MoMA PS1 dans le Queens (tous les samedis juil.-août).

moma.org

Lincoln Center Out of Doors

Une centaine de spectacles gratuits sur une scène en plein air du Lincoln Center (fin juillet-début août) !

about.lincolncenter.org/programs/program-out-of-doors

Summer Restaurant Week

Voir Winter Restaurant Week (janvier).

Septembre

The Armory Show

Artistes, galeristes et collectionneurs se donnent rendez-vous du 8 au 11 septembre 2022 au Javits Center à Hudson Yards pour la foire internationale d'art contemporain.

thearmoryshow.com

Octobre

The New Yorker festival

Ce festival réunit des artistes et des écrivains, afin d'organiser des conférences traitant de sujets divers.

festival.newyorker.com

Open House New York

Des lieux fermés au public ouvrent leurs portes gratuitement un week-end par an.

ohny.org

Village Halloween Parade

Le soir du 31 octobre, un immense défilé macabre de sorcières et de fées Carabosse longe 6th Ave. (du nord de Spring St. à 15th St.).

halloween-nyc.com

The Annual Tompkins Square Halloween Dog Parade

Les chiens ont droit à leur Halloween et à leur parade. Un défilé de chiens déguisés aussi drôle que décalé !

tompkinssquaredog run.com/halloween/

Novembre

New York City Marathon

Rendez-vous le 1er dimanche pour le plus célèbre des marathons.

nyrr.org/tcsnycmarathon

Macy's Thanksgiving Day Parade

Le 4e jeudi de novembre, chars et fanfares descendent Broadway.

macys.com/social/parade/

Décembre

Christmas Tree Lighting Ceremony

Illumination du plus grand sapin du monde au Rockefeller Center.

Notes personnelles

LEXIQUE

Quotidien

Matin : *morning*
Après-midi : *afternoon*
Soir : *evening/night*
Bonjour/au revoir (usuel) : *hello, hi/bye*
Comment allez-vous ? : *how are you doing ?*
Je vais bien : *I'm fine*
Merci : *thank you*
Il n'y a pas de quoi : *you're welcome*
Manger : *to eat*
Boire : *to drink*
Comprenez-vous : *do you understand ?*
Je ne comprends pas : *I don't understand*
Excusez-moi : *excuse me*
Parlez-vous français ? : *do you speak French ?*
Je voudrais : *I would like*
Combien cela vaut-il ? : *how much is it ?*
Espèces : *cash*
Monnaie : *change*
On ne rend pas la monnaie : *exact change*
Tarif : *fare, rate, fee*

Espace et temps

Après/avant : *after/before*
Aujourd'hui : *today*
Demain : *tomorrow*
Encore : *again*
Hier : *yesterday*
Maintenant : *now*
Où : *where*
Pendant : *during*
Près : *near*
Quand : *when*
Tard/tôt : *late/early*
À demain : *see you tomorrow*
Heure : *hour*
Minute : *minute*
Quelle heure est-il ? : *what time is it ?*
Midi/minuit : *noon/midnight*

Shopping

Argent : *money*
Baskets : *sneakers*
Bijou : *jewel*
Bottes : *boots*
Boutique : *shop/store*
Casquette : *cap*
Ceinture : *belt*
Chapeau : *hat*
Chaussures : *shoes*
Chemise : *shirt*
Cuir : *leather*
Cravate : *tie*
Écharpe : *scarf*
Jouet : *toy*
Journal : *newspaper*
Jupe : *skirt*
Livre : *book*
Lunettes (de soleil) : *(sun)glasses*
Marché : *market*
Pantalon : *pants*
Poids : *weight*
Pointure : *size*
Prix : *price*
Pull-over : *sweater*
Robe : *dress*
Sac (à main) : *(hand) bag*
Soldes : *sales*
Sous-vêtements : *underwear*
Supermarché : *supermarket*
Veste, manteau : *jacket*

À la douane

Carte d'identité : *ID (identity card)*
Devises étrangères : *foreign currency*
Douanier : *customs agent*
Objets personnels : *personal effects*
Passeport : *passport*
Quel est l'objet de votre voyage ? : *what is the purpose of your trip ?*
Rien à déclarer ? : *nothing to declare ?*
Vacances : *vacation*

À l'hôtel

Réservation : *booking*
Chambre simple/double : *single/double room*
Salle de bains particulière : *private bathroom*
Quel est le prix de cette chambre ? : *what is the rate of this room ?*
À quelle heure doit-on libérer la chambre ? : *what is the check out time ?*

Au restaurant

Addition : *check, bill*
Boisson (sans alcool) : *soft drink*
Boisson alcoolisée : *drink*
Déjeuner : *lunch*
Dessert : *dessert*
Dîner : *dinner*
Eau : *water*
Eau du robinet : *tap water*
Eau gazeuse/minérale : *sparkling/mineral water*
Épicerie de quartier : *delicatessen*
Garçon/serveuse : *waiter/waitress*
Menu : *menu*
Pain : *bread*
Petit déjeuner : *breakfast*
Plats du jour : *specials*
Pourboire : *tip*
Pour emporter/sur place : *take out/eat in*
Vin : *wine*

En ville

À droite : *on the right*
À gauche : *on the left*
Au nord/au sud de Manhattan : *uptown/downtown*
Métro : *subway*
Pâté de maisons : *block*
Rue : *street*
Taxi : *taxi, cab*
Ticket de métro : *token*

INDEX

Crédit photographique

Intérieur

Les photos de ce guide ont été réalisées par **Yoann Stoeckel,** à l'exception de celles des pages suivantes :

Romain Boutillier : p. 5 ht, p. 153 ht.

Anne-Elisabeth Caillet : p. 57.

Patrice Hauser : p. 105, p. 117.

Natasha Penot : p. 4 c, p. 7 c d, p. 43, p. 63.

Géraldine Péron : p. 68, p. 120.

Jérôme Plon : p. 3 ht, p. 4 ht, p. 5 c, p. 18, p. 20, p. 24, p. 40, p. 41, p. 58, p. 91, p. 157, p. 191.

Vanessa Richard : p. 10 b g, p. 67, p. 84, p. 98, p. 132, p. 138, p. 224.

Adobe Stock : ©Felix Mizioznikov : p. 29.

Hemis : ©Robert Harding : p. 1; ©Philippe Renault : p. 14; Jon Arnold Images : p. 60, p. 80, p. 190 ; ©Hugh Williamson/Alamy : p. 125; ©René Mattes : p. 195.

Photononstop : ©Richard Taylor/Sime/Photononstop : p. 178.

Shutterstock : ©travelview : p. 3 c; ©Jumis : p. 5 b; ©Joseph Sohm : p. 7 ht; , ©Jmariakraynova 8 c d; ©MarinaMonroe p. 30; ©Gina Kropf Photographer p. 37; ©Sean Pavone : p. 61, p. 163, ©Ryan DeBerardinis : p. 69; ©Lazyllama : p. 87; ©Kit Leong : p. 96; ©Alfio Finocchiaro : p. 102, ©Andersphoto : p. 103, ©ymgerman : p. 113; ©Ritu Manoj Jethani : p. 118; ©Michael Gordon : p. 121; ©Leonardo Augusto Matsuda : p. 124; ©Andrey Bayda : p. 129, ©Heerapix : p. 130; ©Mr Nikolay : p. 133; ©Edi Chen : p. 135; ©Lauren Orr : p. 142; ©DW labs Incorporated : p. 154; ©The Curious Eye : p. 161; ©Felix Lipov : p. 164; ©Keep Smiling Photography : p. 172

Nous remercions les établissements suivants de nous avoir aimablement permis de publier leurs photos : ©**Veselka** : p. 10 ht d, p. 71; ©**Eric_Medsker/Maison Première** : p. 11 c d, p. 186; ©**Carly Rabalais/Beacon's Closet** : p. 11 ht; ©**SHoP Architects/Pier 17** : p. 33; ©**Alan Silverman/Grand Banks** : p. 45; ©**Brooklyn Grange Rooftop Farm** : p. 177.

©**Adagp, Paris, 2018 :** p. 5 ht et p. 153 (Frank Lloyd Wright, Solomon R. Guggenheim Museum de New York, 1959). ©**Adagp, Paris, 2019 :** p. 34 (Santiago Calatrava Oculus).

©**Heatherwick Studio :** p. 95 (The Vessel); p. 96 (Little Island).

©**PWP Landscape Architecture et Handel Architects :** p. 35 (9/11 Memorial and Museum).

©**Skidmore, Owings & Merrill, architectes :** p. 7 b (One World Observatory au One World Trade Center).

©**Renzo Piano Building Workshop en collaboration avec Cooper Roberston (New York), architectes :** p. 93 (Whitney Museum of American Art).

Couverture

Central Park ©Jon Arnold Images/Hemis.

Vanessa Richard, auteure de cette dernière édition

est une Française installée à Brooklyn qui vit au rythme de New York depuis de nombreuses années. Passionnée par sa ville d'adoption, elle aime arpenter ses rues pour dénicher les meilleures adresses, qu'elles soient authentiqu ou branchées. Elle vous livre ses coups de cc au fil des pages de ce guide.

Éditions précédentes revues et augmentées par **Bertrand Lauzanne** et **Anne-Elisabeth Caill**
Édition originale établie par **Anne-Catherine Sore** avec **Thierry Chauvaud** et **Hélène Firque**

Direction : Sidonie Chollet
Direction éditoriale : Cécile Petiau
Édition : Joël Ambroggi, Marine Barbier-Blin, Béatrice Hemsen, Catherine Laussucq, Émilie Lézénès, Géraldine Péron et Adam Stambul
Suivi éditorial : Mélanie Rebillaud
Ont également collaboré à cet ouvrage : Joséphine Bonneau, Célia Chalfoun et Florence Ro
Cartographie : Frédéric Clémençon et Aurélie Huot
Fabrication : Liza Sacco
Conception graphique de la couverture et de la maquette intérieure : Minsk Studio
Illustrations : Minsk Studio
Et tous nos remerciements à Antoine Béon pour son aide et son regard avisé sur la direction artistique de la collection.

Contact presse : rmazef@hachette-livre.fr – 01 43 92 36 66
Contact publicité et partenariats : partenariat-tourisme@hachette-livre.fr

Aussi soigneusement qu'il ait été établi, ce guide n'est pas à l'abri des changements de dernière heure, d'erreurs ou omissions. Ne manquez pas de nous faire part de vos remarques. Informez-nous aussi de vos découvertes personnelles, nous accordons la plus grande importance au courrier de nos lecteurs :
Guides Un Grand Week-end – Hachette Tourisme – 58, rue Jean-Bleuzen, 92170 Vanves
weekend@hachette-livre.fr

Édité par Hachette Livre (58, rue Jean-Bleuzen, CS 70007, 92178 Vanves Cedex)
Imprimé par Polygraf (Capajevova 44, 08199 Presov, Slovaquie)
Achevé d'imprimer : décembre 2021
ISBN : 978-2-01-710676-0 • 65-4919-9
Dépôt légal : décembre 2021 - Collection n°32 - Édition : 01